千田琢哉

うだつが上がらない人がよく言うひと言。

成功って、
やっぱり運ですか？

プロローグ

成功する人、しない人は、ものの言い方でわかる。

私が経営コンサルタント時代、ちょうど100人の組織の顧問をしていたことがある。そこは営業ノルマの厳しい組織で、社員の入れ替わりはかなり激しかった。

私はこの組織の100人と個別面談を繰り返し、さまざまな相談に乗ってきた。だから思い入れも深い。

私にとって非常にラッキーだったことは、100人というキリのいい数字なので、そこで発見した人間の特性を、分析し数値化しやすかったということだ。

そこではいろいろなことを発見したが、中でも、私は彼ら彼女らの「発する言葉」に注目することが多かった。

注目をしているうちに、次第にどんな言葉を発しているかで、その人の仕事の成果をほぼ予測できるようになった。

プロローグ

組織の売上を支えていた上位10%と、会社のお荷物になっていた下位50%の人間では、まるで発する言葉が違っていた。

あるとき、私が研修で講演したあと、その組織では〝補欠の先輩〟として扱われている社員が近づいてきて、こう質問した。

「成功って、やっぱり運ですか?」

その講演で私が話していたことは、緻密な目標達成に関するテーマであったにもかかわらず、である。

補欠の先輩をはじめ、下位50%の人々は、「仕事の成果は究極のところ、運で決まる」としばしば口を揃えて言っていたのだ。

このようなことは、会社の規模の大小を問わず、ほかのどんな組織でもまったく同じだった。

組織によって多少の比率は違うものの、組織に貢献する上位層と下位層では、彼らに共通しているものの言い方が違ったのだ。

では、あらゆる組織の上位層は、どのような言葉を発していたのか。

人によって表現はそれぞれ異なるが、次のシンプルなひと言に集約できる。


「人事を尽くして天命を待つ」


自分の能力でできる限りのことをしたら、あとは焦らず、その結果は天の意思にすべて任せておくのがいい、ということだ。

厳しく、そして謙虚な考え方だ。

はじめに「運」ありきではなく、はじめに「実力」ありきなのだ。

愚直に実力を蓄えた人間のみが、はじめて運について考えることを許される。


発する言葉を変えると、発想が変わる。

発想が変わると、行動が変わる。

行動が変わると、習慣が変わる。

習慣が変わると、人生が変わる。

本書であなたがピン！ ときた言葉を自分の言葉として持つことができたら、きっと人生が変わるだろう。

2015年1月吉日

南青山の書斎から　千田琢哉

その「ひと言」は、言ってはいけない　目次

第1章 「上司」に言ってはいけない

第2章
「取引先」に言ってはいけない

第3章
「同僚」に言ってはいけない

第4章
「恋人」に言ってはいけない

第5章
「自分」に言ってはいけない

第1章

「上司」に言ってはいけない

01

「え、私がやるんですか?」

上司から何かを指示された際に、「え、私がやるんですか？」といちいち聞き返す人がいる。

いったいこの地球上で、ほかに誰がやるというのだろうか。

上司は、あなた以外の誰にも頼んではいない。

「え、私がやるんですか？」という言葉の真意はこうだ。

「そんな面倒くさいこと私にやらせるの？」

「大学まで出てそんな仕事やりたくないんですけど」

という気持ちが暗に込められている。

そしてその気持ちは、もちろん上司にすべてばれている。

刑務所では、囚人に対して現在の仕事についてのアンケートを取る。

「今の仕事はしんどいから、もっと楽な仕事がいい」と口を滑らせた囚人は、今の仕事を取り上げられて、もっとしんどい仕事をさせられる。

刑務所の話とはいえ、労働をするという点においては、会社も同じだ。

上司も人間である。

「え、私がやるんですか？」といちいち聞き返す相手を、好きになれるはずがない。

そして、こういう発言を何度も繰り返す人は、そのうち仕事を依頼されなくなる。

仕事を依頼されなくなったら、楽チンになれる、と思ったら違う。その逆だ。

人間ではなく、まるで空気のような扱いを受けるのだ。

すでにリストラ態勢に突入している会社なら、「もう会社に来なくてもいいよ」という合図なのだ。

そういう処遇を受けた人は、普通は居たたまれなくなって辞表を出すものだが、鈍い人はまだ気づかない。すると今度は、雑用を嵐のように命令される。

この嵐のような雑用を拒むと、組織のメンバーが証人となって、満場一致で業務怠《たい》慢《まん》を理由に解雇されるのだ。

「え、私がやるんですか？」

この言葉は、それくらい罪の重い言葉なのだ。

ちなみに、同じ囚人でも死刑囚は労働しなくてもいい。

否、労働させてもらえないのだ。

ただ死ぬために、毎日怯《おび》えながら生かされているのであり、刻々と死を待つのみ、だからである。

人間にとって労働というのは義務ではなく、幸せな権利なのだと気づこう。

誰かから仕事を依頼されるということは、もうそれだけで生きている意味があるということだ。

これからのひと言

感謝いっぱいに

「はい！」

02

「それをやる理由は何ですか？」

上司から仕事を指示された際に、「それをやる理由は何ですか?」といちいち確認したがる人がいる。

少し社会人を経験すれば誰でもわかることだが、もともと仕事に意味などない。

意味のないものに、どのように自分で意味を見出していくのかが、仕事なのだ。

仕事の意味を知りたければ、とりあえず動くことだ。

理由なんて、自分で勝手に想像すればいい。

だが、未熟者の想像した意味など、本質には程遠いだろう。

ところがそうすることで、指示を出した上司の目に留まり、そのときにはじめて、上司からアドバイスをしてもらうことができるのだ。

そしてそのときやっと、最初になぜ意味を教えてもらえなかったかという理由がわかるのだ。

仮に同じ仕事であったとしても、その仕事の意味や理由は、新入社員同士でも、そのレベルによって千差万別だ。

入社3年目の社員と課長でも、まるで意味が違う。さらにその上になれば、もっと大きく違い、想像もできないくらいだろう。

未熟者で器の小さなうちは、経験豊富で器の大きな相手の考えなど、到底理解できないのだ。金魚鉢の小魚に、大海の鯨《くじら》の気持ちなどわからないのだから。

とりあえず動くことで、〝自分ならでは〟の仕事の意味に少し近づけるようになるのだ。

私も新入社員の頃にやっていた仕事の意味は、その頃はわかっていたつもりだったが、今にして思えばまったくわかっていなかった。恥ずかしい限りである。

その後、転職先で経営コンサルタントという仕事をするようになって、さまざまな組織の内側を第三者の目から観察させてもらう機会が増えた。

そして、自分と同じような不器用な社員と遭遇するたびに、これまで自分がやってきた仕事の意味が、ほんの少し深く理解できた気がした。

現在、こうして本を書きながらも、これまで自分がやってきた仕事の意味を、私はいまだに反芻《はんすう》している。あっちへうろうろ、こっちへうろうろと彷徨《さまよ》いながら、ギリギリに精一杯に表現している。

正直に告白すると、私は仕事の本当の意味など、まだわかっていない。

仕事の意味や、それをやる理由というのは、まず自力で考え、周囲に支えられながら、その都度、見出していくものなのだ。

これからのひと言

間髪入れず

「はい！」

03

「さっき言ったことと違いませんか？」

言っていることがころころと変わる朝令暮改の上司に対して、不平・不満を持つ部下は多い。

だが優秀な上司は、必ず朝令暮改だ。

私がこれまで出逢ってきた優秀な経営者の中には、朝令暮改どころか〝朝礼朝改〟という人も珍しくなかった。

つまり、さっき言ったことを、5分後にはもう改めるのだ。

「一度決断したことは、撤回しない」と言えば男らしく聞こえるかもしれないが、それは本当の勇気ではない。

あなたもリーダーになればすぐにわかるが、組織の舵《かじ》取りを誤ったまま直進すれば、かのタイタニック号のごとく沈没してしまう。

本当の勇気とは、「これはアカン！」と思ったことはすぐにやめて、良いと思ったことを電光石火のごとく取り入れることなのだ。

もしあなたの上司である「課長」が朝令暮改型なら、とりあえず安心していい。

部下たちはいつも振り回されて大変かもしれないが、その課長がいる限り、あなたの課は致命的なミスを防ぐことができるだろう。

もしあなたの会社の「社長」が朝礼朝改型なら、とりあえず安心していい。

その社長は連日ゴルフ三昧の〝名ばかり社長〟ではなく、脳みそをフル回転させ、仕事をしている証拠であり、しばらく会社は安泰だ。


社長というのは、外見はどっしり構えているように見えるのが、その実、頭の中はいつもビクビクしているものだ。

もう時効だから言ってもいいと思うが、業界で有名な某社長は、重大な決断をする際に、「今日は何もしなくてもいいから、黙って俺のそばにいてくれないか」とよく懇願してきたものだ。

その社長は、私が顧問をしていた数年の間に会社を十数倍に成長させ、今もなお成長し続けているのだから、間違いなく優秀な経営者だ。

優秀な経営者はみな臆病者であり、根が優柔不断なのだ。

臆病者や優柔不断な人間が、命がけでその都度より良いと思える選択肢を選ぶのが

勇気なのだ。だから決断がコロコロ変わるのは、勇者の証《あかし》なのだ。

いかがだろうか。

上司に対してつい「さっき言ったことと違いませんか？」と言う人は、組織を崩壊させようと企むテロリストのような存在だと気づいたのではないだろうか。

これからのひと言

爽やかな表情で

「すぐにやります！」

04

「○○さんだけ、ずるいじゃないですか」

仕事も人間関係も、すべてはえこひいきで成り立っている。

えこひいきとは、簡単に言えば、好き嫌いのことだ。

当たり前だが、部下のあなたにも上司の好き嫌いがあるように、上司にだって部下の好き嫌いがある。

「誰にでも分け隔《へだ》てなく」とは、美しい建前であって、私がこれまで出逢ってきた3000人以上のエグゼクティブの中で、それを100%貫いていた人は、ただの一人もいなかった。

人間である限り、好き嫌いは本能だから、いくら隠そうとしても隠し切れないのだ。好き嫌いは自然の摂理に則っている、ひたすら正しい感情なのだ。

何を隠そう、私自身も上司の時代は好き嫌いで部下に接していた。

あからさまに好き嫌いの感情をむき出しにするのは避けてきたつもりだが、好きな部下にはたくさん仕事を与えて育成し、嫌いな部下には〝放置プレイ〟で優しく接し、楽をさせてきたものだ。

現在の私はと言えば、100%好き嫌いだけで仕事をしていると断言できる。

好きな人とだけ何度も仕事をして、嫌いな人とは二度と仕事はしない。

大切なのは、力なき部下の好き嫌いは、単にわがままとみなされるということだ。

組織というのは、下っ端のわがままをいちいち聞いているわけにはいかない。指示系統が滞って崩壊してしまうからだ。

組織の中で生きていく以上、下っ端のうちはわがままが言えないのは当然なのだ。どうしてもわがままを貫きたければ、独立して成功する以外に道はない。

あなたにその勇気も実力もないのであれば、組織内で出世するまで、自分のわがままを仕事へのエネルギーに転換させていくしかない。

めでたく出世してあなたが上司になれば、好き嫌いを仕事に活かすことができる。

「○○さんだけ卑怯《ひきょう》じゃないですか」などと主張すれば、ただでさえ嫌われているのに、ますます嫌われてしまうだろう。

それよりは、あなたも「○○さん」のようにえこひいきされる方法を学んで、それを自分流にアレンジできないかと知恵を絞るのだ。

えこひいきされるには、されるだけの理由が必ずある。
えこひいきされる人は、上司の嫌がる言動を熟知している。
えこひいきされる人は、たとえプライベートでも上司の陰口を絶対に言わない。
今日の私があるのも、数多くの人たちからえこひいきされてきたためなのだ。

これからのひと言

「よし、○○さんから学ぼう！」

05

「一応やってみますが、無理だと思いますよ」

目上の人から何か指示を出されたとき、「無理だと思いますよ」と念を押す人がいる。このひと言だけで、相手から嫌悪感を抱かれるということに、気づいたほうがいい。さもなくば、いずれ孤立無援になって、惨めな貧しい人生で幕を閉じることになる。

たとえば、急いで焦ってタクシーに乗り「できれば5時までに羽田空港に着きたい」とあなたが言ったとき、タクシーの運転手から「それは無理だと思いますよ」とぶっきらぼうに言われたとしたらどうだろう。

「80％無理だと思いますが、20％に賭けてみましょう！」

そう言ってもらえると、お客としても、たとえ間に合わなくても諦めがつくというものだ。

同じように上司から「大急ぎで3時までに仕上げてくれ！」と言われたとき、あなたはどう言うだろうか。

「え〜、3時までですかぁ？　一応やってみますが、多分無理だと思いますよ」

そんな言葉を返さないことだ。

上司は〝多分無理〟ということを、十分に理解した上で、部下に指示を出しているのだ。本当は3時半まででいいところを、自分が最終チェックをする時間もちゃんと考慮に入れている。

「OKです！　今から超特急で取りかかります！」

こう即答してもらえるだけで、上司はたとえ間に合わなくても、諦めがつくというものだ。

うだうだ言っている人間は、言い訳を並べて責任逃れをしているだけだ。そしてさらに、相手の時間を奪っていることに気づくべきなのだ。

上司は、こういう部下に対して殺意を抱くほどムカつく。そして、もう二度とコイツに急ぎの仕事を頼むことはやめよう、と心に誓う。

少し考えてもらいたい。

急ぎの仕事を依頼するということは、上司はあなたにそれだけ期待しているということだ。

期待をしたのに、その期待を頭から裏切られたときを想像してみれば、あなたにもその怒りの意味がよく理解できるはずだ。

せっかくの上司の厚意を踏みにじったという点において、これ以上の罪はない。

最初から期待していなかった人間には、そもそも急ぎの仕事なんて依頼しない。だから、怒りの感情も抱かない。

無理かどうかは部下が判断することではなく、上司が判断することなのだ。

結果として無理であった場合、そのときは部下が責任を取るのではなく、上司が責任を取るのだ。

これからのひと言

もう動き出して

「超特急で仕上げます！」

06

「私は褒められて伸びるタイプですから……」

無礼講だと言われた飲み会で、平気でこうのたまう部下がいる。

「私は褒められて伸びるタイプですから……」

普段ボーッとしていて注意を受けるタイプで、しかも反省をしていない部下がよく言う言葉だ。

単に自分の無能さを棚に上げて、甘やかしてもらいたいだけなのだ。

巷《ちまた》にあふれ返る人材育成の本には、「欠点を指摘するのではなく、長所を伸ばせ」と、よく書いてある。

耳に心地よく、ついダメ人間がすがり付きたくなるような甘い言葉だ。

だがこれには落とし穴があるのだ。

この言葉が当てはまるのは、社会人として一人前になり、ひとり立ちしている人材に限られる。

つまり、社会人のプロとしてやっていけるほどの人材ならば、欠点には目もくれないで、ひたすら長所を伸ばしていけ、ということだ。

つまり、プロは数々の欠点を凌駕《りょうが》する長所があり、それがダイレクトに収入に反映させることができるからだ。

だから、半人前の人材には、この言葉はまったく当てはまらない。半人前とは、組織にとっては赤字社員ということだ。そんな存在でいながら、「褒められて伸びるタイプですから……」などと言っていいはずがない。

半人前は欠点だらけであり、長所を見てもらう、褒めてもらう以前の問題だからである。たとえばお客様を前にしたとき、一瞬でその欠点がばれてしまい、長所を見せる前にお客様に逃げられてしまうこともあるのだ。


半人前の段階においては、ひたすら欠点を矯正《きょうせい》するに限る。


社会人として、その道のプロとして一人前になるまでは、厳しく叱られるのも仕方がない。半人前にもかかわらず給料をもらっているからだ。

だが、社会人になったからには、いつまでも〝お客様〟として授業料を支払っているわけにはいかない。

褒められたければ、一日も早く一人前のプロになることだ。

サラリーマンのプロとして認められる目安は、自分の給料の額面の3倍以上の粗利益を組織に納めているかどうかだ。
あなたがプロになれば、上司もきっと聞く耳を持ってくれるだろう。

これからのひと言

感謝を込めて

「いつもご迷惑おかけしております」

07

「みんな言っています」

上司に不平不満を言う際に、「みんな言っています」と、やらかしてしまう人がいる。

発したその瞬間、その人が無能な上に臆病者であることがばれてしまうひと言だ。

「みんな言っています」の「みんな」は嘘だ。

せいぜいランチや居酒屋で、自分の愚痴を聞いてもらい、社交辞令で頷いてもらったうだつの上がらないメンバーたちのことを言っているのだろう。

だから上司から「みんなとは具体的に誰か」と問いただされでもしたら、苦し紛れに名前を出されたメンバーたちはとても迷惑する。

ただ愚痴につき合っただけで、巻き添えにされてしまうからだ。

「みんな言っています」と口にするだけで、上司からも同僚からも嫌われるのだ。

どんなに正しいことを言っても、そのひと言を加えただけで、もう信用してもらえなくなる。

どんなに素晴らしいプレゼンをしても、その言葉をうっかり口を滑らせただけで、説得力がゼロになってしまうのだ。

未熟者のうちは、架空の「みんな」という便利な言葉で、つい強い相手を威嚇《いかく》したくなる気持ちもわからないではない。

だが、未熟者であればあるほど、自分は弱者だという現実を受容して勝負に臨《のぞ》んだほうがいい。

なぜなら、いくら弱者が虚勢を張っても、強者から見たら、それは一目瞭然だからである。

あなたも強者になればすぐにわかるが、弱者の虚勢は本当にわかりやすくて醜《みにく》い。その場で抹殺したくなるほどだ。

こちらがせっかくチャンスを与えてやろうと思っても、弱者が虚勢を張った瞬間、ゲームオーバーになってしまう。

サラリーマンでよくやりがちなのは、とても敵《かな》わない相手だと怯《ひる》んだ瞬間、つい自分の会社の看板や社長の名前を使って、目の前の成功者と勝負しようとしてしまうことだ。

その相手が会社の看板や社長の名前など通用しない相手だということすら、もう理解できないのだ。

自分を大きく見せようとすると、逆にその分だけ小さく見えてしまうことを知っておいたほうがいい。

正々堂々と等身大でぶつかれば、必ずあなたを評価してくれる相手に出逢うものだ。

これからのひと言

「私がそう思います」

08

「言われた通りにやりました」

「もっとこうしないとダメじゃないか！」と上司から叱られた際に、「言われた通りにやりました」とふくれている人がいる。

たとえば上司に「お客様にあの商品を粗品として渡したいから持ってきて」と言われて、その商品を〝裸〟で持ってくるのは0点だ。

包装紙に包む、袋を用意するくらいは当たり前の話だ。

上司に「人数分の弁当を買ってきてくれないか」と言われて、本当に弁当だけ買ってくるのは0点だ。

弁当の数だけお茶を用意するくらいは当たり前だし、少なくともあらかじめ聞いておくべきである。

プロになるということは、当たり前の基準を上げるということだ。

学生時代のアルバイトと違い、正社員として給料をもらいながら生きていくためには、依頼者の期待を超えなければお話にならないのだ。

依頼者の期待を超えるということは、相手の気持ちになるということである。

相手の気持ちになるためには、想像力が求められる。

「本当はどんなことをしてもらいたいのだろうか」

「言葉ではこう言っているものの、本当はもっと違うことをして欲しいのではないだろうか」

「以前、同じ仕事を依頼されて、何か注意はされなかっただろうか」

「依頼者を驚かせるためには、何を付加すればいいのだろうか」

たった一つの雑用を依頼されたとしても、そこには工夫の余地が無限にあるはずだ。

言われた通りにやっているだけでは、せいぜい時給1000円が上限だ。

つまり、正社員として毎月給料をもらうためには、言われた通りにやっているだけでは赤字社員と判断されて、リストラ候補になるわけだ。

依頼した相手に「おぉ!」と感動させてこそ、正社員としてスタートラインに立てたということだ。

スピードで驚かせるのか、クオリティで驚かせるのか、またはその両方で驚かせるのかは、あなたが決めればいい。

少なくとも言われた通りにやってふんぞり返っていると、上司から即、嫌われることは間違いない。

どんな雑用でも上司の期待を1%でいいから超える癖をつけよう。

これからのひと言

自分が至らなくて悔しそうに

「申し訳ございません」

09

「そんなことより話を本題に戻しましょう」

会議などで、話が横道にそれまくる上司がいる。

そんなとき、我こそは正義の味方と言わんばかりに、「そんなことより話を本題に戻しましょう」とやらかす人がいる。

正しいことをやっているつもりかもしれないが、やられた側としては、これほどカチン！ とくることはない。

世の中は正しいことよりも、大切なことがたくさんあるのだ。

そして正しいことを貫けば貫くほど、周囲に嫌われて、組織で干されてしまうことも多いのだ。

私はこれまで、組織の会議に数多く同席させてもらったが、話が横道にそれる人の話をじっくり傾聴していたところ、ひとつの事実が浮き彫りになってきた。

横道にそれた話題のほうが、本題よりも面白いのだ。

これは決して冗談で言っているのではなく、横道にそれた話題を「本題」として変更したほうがいいくらいだ。

その会議の責任者は、横道にそれたその話をしたかったために、わざとニセの本題をでっち上げたのかと疑うほどだ。

いずれにせよ、最初に決まっていた本題がなんであれ、今まさに会議の責任者が熱く話している内容のほうが大切なのだ。

本題は臨機応変に変更されることもあるということを、知っておく必要がある。

またこんなパターンもある。

あえて横道にそれさせておきながら、周囲に意見を出させておいて、巧みな話術で本題に結びつけるというものだ。

このパターンは超優秀な上司によく見られた傾向で、いつも本題とはかけ離れた雑談で参加者を巻き込んでおきながら、最終的にパズルのように本題の結論へと導くのだ。

いかがだろうか。

正しいことを主張していれば一目置かれると思っていると、痛い目に遭うことに気づいただろうか。

これを上司のみならず、お客様相手にやらかす痛々しい人もいるから要注意だ。

気持ち良く話が横道にそれているお客様に対して、「そろそろ話を本題に戻しましょう」とやらかしたら、即アウト！　だということも知っておこう。

これからのひと言

目を輝かせながら

「なるほど」
「そうだったんですね」
「へぇ～」

10

「〝的を得《え》る〟じゃなくて、〝的を射《い》る〟ですよね？」

話が盛り上がっている最中に、言い間違いをいちいち訂正する人がいる。

これがどれだけ相手を不快にさせる行為かを、理解できないのだ。

否、相手だけではない。周囲で話を聞いている人全員を憤慨させるといっていい。

「〝的を得る〟じゃなくて、〝的を射る〟ですよね？」

「〝足もとをすくう〟じゃなくて、〝足をすくう〟ですよね？」

「〝怒り心頭に達する〟じゃなくて、〝怒り心頭に発する〟ですよね？」

間違いやすい日本語なんて、数えきれないほどある。中には誤用されているもののほうが多数派で、正解のほうが少数派になっているものもあるほどだ。

正解のほうを使っているにもかかわらず、逆に誤用に正されてしまうことすらあるのだ。

ここで大切なことは、相手が話で盛り上がっている最中は、流れに乗るのが礼儀だということだ。

正しい日本語を教育してやろうなどという姿勢は、甚《はなは》だ傲慢《ごうまん》だ。

そういう人に限って、普段活躍の場がない人が多い。だから、ここぞとばかりに揚げ足を取るのだろうが、それは本質から大きく外れている。

本当に相手を思い遣るのであれば、自分が意見を求められた際に、正しい日本語を自然に含めて答えればいいことだ。それもすぐに指摘するのではなく、それなりに間を空けたほうがいい。

たとえば上司がこう言ったとしよう。

「あのレポートは実に的を得ていたから、君も読んでおくように」

そういうときは、上司の話を熱心に傾聴した上で、

「かしこまりました。いつも的を射たアドバイスをいただき、感謝申し上げます」

というように。


名前の読み間違いもこれと同じだ。

目上の人から名前を間違えて呼ばれると、露骨に不機嫌になって「違います！」と訂正する人がいる。

まるで鬼の首を取ったように、高飛車な態度に豹変《ひょうへん》するのだ。

この場合も、ひとまず相手が自分の名前を呼んでくれたことに深く感謝し、会話の中で正しい名前を自然に含めればいいのだ。

「チダ君はどこ出身なの？」そう聞かれたら、

「岐阜県です。県内ではセンダという苗字はあまり聞かなかったですけどね」

と、サラリと返せば厭味《いやみ》もない。

これからのひと言

（間を空けて）

「的を射たアドバイスに感謝申し上げます」

第2章

「取引先」に言ってはいけない

11

「安ければ安いほどいい」

仕事の関係において、自社がお金を支払う側であるとき、取引先に対して、高圧的な態度を取る人がいる。

たとえば相手が低姿勢に「ご予算は？」と質問すると、「安ければ安いほどいい」とやらかすのだ。

そう言われた取引先は、最低価格を提示してくるだろう。だが、それにもかかわらず、さらに値引きを強要してくるのが「安ければ安いほどいい」と言ってくる人間の常套《じょうとう》手段なのだ。

しかも「あれもやってくれ」「これもやってくれ」と、オプションを上乗せさせようとする図々しさだ。

これではたとえ取引先の相手でも、あなたを応援しようとは思わない。

表面上は仕方なくペコペコしていても、心の中では舌を出している。それどころか、完全犯罪のごとく仕返しをしてやろうと思っている。

悲しいかな、それが人間というものだ。

こうした相手に対する対策は、各業界でマニュアル化されている。

ホテルの宴会では値切り倒す相手は、どれだけでも値切りに応じる。その代わり、担当するスタッフの数をどんどん削っていくだけだ。

さらに料理の質量ともに落としていけば、どれだけでも安くできるのだ。

住宅業界の場合は、職人と建材を質量ともに、いくらでも落として値切りに応じる。欠陥住宅にしないまでも、合法的に手抜きはできるのだ。

コンサル業界の場合は、値切り倒そうものなら、これはもう手抜きのし放題だ。

プロジェクトメンバーの数は好き放題に減らせるし、ブレーンであるリーダーの頭の中は「この値段ならこの程度のサービスで十分」と、きっちり計算されている。


どの業界でも、たとえ売上は減らしても、最低限の利益を確保しなければ生きていけない。

だから、「安ければ安いほどいい」とやらかす人は、いくら値切り倒して勝ったつもりでも、実は手抜きをされた上に、その人の人間性までも軽く見られている始末なのだ。

もちろん、最初から値切られるのを前提で、あらかじめ高い値段を提示してくる会社も存在する。

まだまだ値切り倒すのが当たり前、という風潮の業界もあるかもしれない。だが、そんな業界の中でも成長し続けている会社は、値切りや安売り競争とは無縁のはずだ。

あなたは最初から正直に予算を提示すべきだし、また値切り倒す相手とは絶縁することだ。

たったそれだけで清々しいビジネスを展開することができるようになる。

これからのひと言

「予算はこれだけです」

12

「消費税込みでお願いします」

消費税が3％や5％の時代は、「消費税込みでお願いします」というのが流行《はや》った。ところが消費税は8％になり、これからも上昇していく予定だ。

消費税が8％や10％ともなると、さすがに「込みでお願いします」と値切られるのは苦しい。

本来108万円や110万円をもらわなければならないところを、100万円しかもらえず、さらにその中から自腹で消費税を払わなければならないのだ。

これがどれほどの苦痛なのかは、自分で商売をしていない限り理解できないだろう。「消費税込みでお願いします」という言葉は、相手を苦しめる言葉以外の何ものでもない。

否、税率に関係なく、本来、消費税は誰もが支払うべきであり、国に納めるべきである。自分は消費税を払わず、さらに相手を値切り倒すということは、経済の循環を滞らせている卑劣な行為なのだ。

仮に値切り倒す交渉をしたとしても、値切り倒した上で、きちんと消費税は支払うことだ。

これが最低限のビジネスマナーなのだ。

私はサラリーマン時代、受注の際には必ず消費税は支払ってもらっていたし、消費税の値切りにはいっさい応じなかった。

正直に告白すると、せっかく商談がうまく進んでいたとしても、途中で消費税を値切りはじめたなら、その仕事はすべて断った。

こちら側に複数のメンバーが同席していた場合、相手の口から「消費税込みで……」というセリフが出てきた瞬間、私は中座した。

現在も消費税を支払わないような取引先とは絶縁している。


あれこれ理由をつけて消費税をごまかす取引先というのは、それ以外の仕事でも、ずるいことをたくさんやらかすからだ。

これにはもう例外がない。

数年単位で観察していればよくわかる。そうした会社は、一流の人や取引先からは絶縁されている。

消費税をケチるという行為は、その金額以上に、相手からの信頼を失墜《しっつい》させることになると考えていい。

自分が消費税を値切らないのはもちろんのこと、消費税を値切ってくるような相手とは、きちんと距離を置くことが大切なのだ。

これからのひと言

「この金額に別途消費税でよろしいですね？」

13

「次はちゃんと払うから、今回は安くして」

〝取引先いじめ〟のセリフに、こんな言葉がある。

「次はちゃんと払うから、今回は安くして」

これはまさに、借金魔がよく使う言葉と同じだと気づかないだろうか。

借金魔の「次はちゃんと返すから、今回だけ貸して」は常套句だ。

取引先にとっては「次」がいつなのかもわからず不安だし、そもそも今回安くする理由もわからない。

今回も次も、ちゃんと払うのが当然なのだ。

「次はちゃんと払うから、今回は安くして」と言う相手は、あちこちをウロチョロしながら、かなりの確率で他の業者にも同じことを言っている。

そのうちどこからも信頼されなくなって、忘れた頃に、またあなたのところにやってくるのだ。「次はちゃんと払うから、今回は安くして」と言いながら……。

あなたは呆れ返るだろうが、相手はかつて言ったことなどすっかり忘れてしまって、まったく悪気がない。

これと同じことを、今度はあなたがやらないように注意しなければいけない。

私のサラリーマン時代の失敗談を告白しよう。

某外資系スピーカーメーカーの営業マンが、私が統括責任者を務めていた大型セミナーの会場で、ブースの出展を依頼してきた。

ところが彼は他の出展企業と違い、歩合制営業マンであることを理由に、「次はちゃんと払うから、今回は安くして」と私に懇願してきた。

どうせたいした原価もかからないし、個人の営業マンは金銭的にも大変だろうと思い、「約束ですよ」と私は彼に念を押して、書面にサインをもらった。

もちろん、正規料金を支払ってもらった他社からクレームが出ないよう、スペースや場所で、それ相応のハンディを負ってもらった。

それでも彼は、私に支払った金額の何倍もの利益を出したはずだ。

結局、彼との約束の「次」のブース出展の連絡はなかった。

彼の会社に何度も問い合わせたが、ずっと居留守を使われ続けた。

その後、何年かして偶然に、彼の同僚から聞いたところによると、彼はあちこちで似たような裏切りを繰り返し、とっくに会社を辞めたそうだ。今は悲惨な人生を歩んでいるということだった。

「次はちゃんと払うから、今回は安くして」

このひと言は、借金魔ならぬ、まさに詐欺師の常套句なのだ。

次にちゃんと払う相手なら、当然、今回もちゃんと払うものなのだ。

これからのひと言

「今回いい仕事をしてくれたら、次回もぜひお願いします」

14

「こっちは客だぞ！」

とくにサラリーマンによく見られるのだが、取引先にこれをやらかしたら生涯にわたって〝痛いヤツ〟というレッテルを貼られてしまうひと言がある。

それは、何かあった際に「こっちは客だぞ！」と言って、ブチ切れてしまうことだ。

大企業の取引先は、個人や中小企業などが中心になっていることが多い。だからつい、大きな組織に属する自分は世界を動かしていて、取引先の人生を左右するほどの力を持っていると勘違いしてしまうことがある。

そういう人を前にしたとき、取引先は心の中でどう思っているのか。

「お前じゃなくて、会社が客だよ。お前は小間使いだろ」

そう心の中で嘲笑《あざわら》っているのだ。

そして「こっちは客だぞ！」と凄《すご》んできた相手のことを、深く脳裏に刻み込む。だから当然、凄んだほうは、スムーズに仕事を進めることはできなくなるのだ。

たとえば、サービスの悪い飲食店で理不尽な対応を受けた際に、「おい、こっちは客だぞ！」と思わず声を張り上げたくなる気持ちもわかる。

だが、そんな場合でも「こっちは客だぞ！」と言ってしまっては、あなたの品位が疑われるのだ。

仮に相手に非があっても、まるであなたが加害者のような錯覚を周囲にさせてしまうのだ。

これからの時代、粗暴な言動が不利になる傾向はますます強くなっていくだろう。良くも悪くも、これが時代の流れである。

暴力団に対する取り締まりが厳しくなったのは、時代の流れのほんの一部だ。恐怖で相手を威嚇するのは、時代にそぐわなくなったのだ。

ではどうすればいいのか。

もし理不尽な扱いを受けたと思ったのなら、「こっちは客だぞ！」と心の中で叫んで、関係を断ち切る覚悟を持つことだ。

対面の場合は「こっちは客だぞ！」と心の中で叫べば、その表情からこちらの気迫が相手に伝わるはずだ。

電話の場合は「こっちは客だぞ！」と心の中で叫べば、声のトーンや微妙な〝間〟

から、こちらの気迫が相手に伝わるはずだ。

メールの場合は「こっちは客だぞ！」と心の中で叫べば、行間からこちらの気迫が相手に伝わるはずだ。

それで相手が反省すれば、もう一度チャンスを与えればいい。気づかなければ絶縁すればいい。そういう相手なら、あなたがブチ切れなくても、他の誰かが必ずブチ切れてくれる。

理不尽な人間は、市場が必ず抹殺してくれるというのが自然の摂理なのだ。

これからのひと言

心の中で

「私は客ですけど、その点は大丈夫ですか？」

15

「君たちの給料は、どこから出ていると思ってるの？」

あなたの給料は、間違いなくお客様からいただいている。

某会社の社長が「お前らの給料はお客様ではなく俺が支払っている！」と奇抜なことを言って、世間の興味を惹《ひ》こうとしていたこともあるが、そもそも社長の給料はお客様から出ているのだから、もとをたどれば従業員の給料も、お客様からいただいているのだ。

社長は単に、お客様からいただいたお金を社員たちに振り分けているに過ぎない。

お客様からお金を支払ってもらえなくなれば、どんな巨大企業でも１００％、倒産する。

メガバンクでも全預金者の上位１割が「明日までに預金を全額返してもらえなければ訴える！」と殺到すれば、一瞬で倒産の危機に陥るだろう。

株主についても同じことが言える。

ひと昔前に「株式会社は誰のものか？」と騒がれたことがあった。そのとき、「社員とお客様と株主のものだ」

そんな美辞麗句を並び立てる評論家が跋扈《ばっこ》したが、それは間違いだ。

株式会社は株主のものだと最初から定義されている。だからここに議論の余地はないのだ。

もし海外で、「株式会社は社員とお客様と株主のものだ」と会社の代表が主張しようものなら、そんな会社は頭のおかしい集団だと思われて大顰蹙《ひんしゅく》を買うのは必至だ。

上位株主の機嫌を損ねれば、サラリーマン社長なんてひとたまりもないのだ。

お客様にしても株主にしても、本来、それだけ圧倒的な底力を持っている。

ここで私が述べたいのは、だからこそ、強い立場の人間は、傲慢になってはいけないということだ。

民事再生法の適用で復活を試みている会社に、まだ不慣れでドンくさい社員が偶然いたとしよう。

だがそのとき「何をやっているの？　君たちが働いていられるのは私たちの税金のおかげだよ」と、つい口を滑らせてはいけないということだ。

冗談ではなく、これは実際によく見かける光景なのだ。

日常でよく利用する居酒屋チェーン店にしても同様である。つたないサービスにカッとなって、上から目線で「俺、一応、この会社の株主なんだよね」とやらかした瞬間、すべてが終わる。

相手は反省などしない。それどころか、あなたに対する憎しみだけが永遠に残るのだ。人の憎しみに関わると、たいていろくなことにならない。

厭味を言って憎しみを買うくらいなら、黙って笑顔で絶縁することだ。

これからのひと言

心の中で

「もう少し成長したら、またお会いしましょう」

16

「ですから先ほど申し上げましたように……」

これまでさまざまな組織の電話対応を聞かせてもらった。

あるとき、プロジェクトの一環としてコールセンターのクレーム対策を担当したことがある。

そのとき、ただの電話対応が一転して、クレームに発展させる人の原因は何なのかを知ることができた。

クレームに発展させてしまうのは、彼女たちは運が悪いのではなく、相手をカチン！　とさせる原因を自ら作っていたからだ。

それまでは普通に電話の応対をしていたはずだったのに、一瞬で険悪なムードにさせてしまうオペレーターたちのひと言は、次のようなものだった。

「ですから先ほど申し上げましたように……」

「……わかりますよね？」

これは、あなたの会社の社長よりも遥かに偉いはずのお客様に対して、「お前バカなの？」と言っているようなものだ。

無知蒙昧《もうまい》で無教養なのは、そのオペレーター自身だ。お客様が烈火《れっか》の如《ごと》く怒るのも無理はない。

さらに〝クレーム製造機〟のオペレーターたちと面談を繰り返すことによって、次のような事実が浮き彫りになってきた。

そのオペレーターたちは、幼い頃に両親から「お前はバカか。何度言ったらわかるんだ！」と厳しく罵声を浴びせられながら育ったということだった。

仮に両親から罵声を浴びせられなくても、社会人になったとき、物覚えが悪くて不器用であったために、先輩や上司から「お前、何度言ったらわかるの？　辞めちまえ！」といじめられ続けてきたのだ。

泣きじゃくりながら、そう告白する彼女たちを見ながら、私は悲しい事実を学んだ。

「人は自分が怒られてきたのと同じように、他人に対して怒ってしまう」

ということだ。

看護師の中にも、患者さんに対して偉そうに接してしまう人をたまに見かけるが、それは医師や先輩の看護師から偉そうにされ、いじめられてきたからなのだ。

偉そうな医師もまったく同様で、たいして頭が良くないのにガリ勉で大学に入ったために物覚えが悪く、先輩の医師からいじめ抜かれてきたのだ。

そう考えると、いちいちトゲのある人に対して、少し同情することができるはずだ。

そして、自分はそうなってはいけないと猛省させられるはずだ。

あなたがトゲのある人である限り、全宇宙からトゲのある言葉のシャワーがあなたに降り注ぐ。

これからのひと言

「こちらの説明不足で申し訳ございません」

17

「決定事項だけ報告してくれませんか？」

仕事のできる取引先は、報告・連絡・相談をシンプルかつ、頻繁に届けてくれる。

報告とは、結果を知らせることである。

連絡とは、途中経過を知らせることである。

相談とは、事前に知らせることである。

報告・連絡・相談を頻繁に届けてくれると、トラブルが発生する確率が極めて低くなる。仮にトラブルが発生したとしても、最小限に抑えることができる。

本来、そうしてくれる取引先に対してこれ以上の感謝はないはずなのに、中には「決定事項だけで結構ですよ」とやらかす人がいる。

本人は悪気があるわけではなく、むしろ相手の手間も自分の手間も省けると思っているのだ。

だが、報告・連絡・相談を省いていくと、取引先との関係が希薄になるから、人間関係にも悪影響を及ぼす。

人との関係は一度会って長時間どっぷり話し込むより、頻繁にメールのやり取りをしたほうが絆は強くなっていくものだ。

さらに、決定事項だけの報告がスタンダードになると、途端にミスが急増する。

ミスが増えるばかりではなく、ミスが発生した途端に、取り返しのつかない致命的な事態にまで発展してしまうのだ。

その上、ふいに上司から「あの件、どうなった?」と確認をもとめられても、報告・連絡・相談を省いていると、「わかりません」としか言わざるを得ない。

すると上司が直接取引先に問い合わせることになる。

その結果、「お前が決定事項だけ報告しろと伝えたらしいじゃないか!」とばれてしまうのだ。

もちろん、上司の信頼を失墜したあなたは、出世の道をあっさり閉ざされてしまうだろう。

「決定事項だけで結構ですよ」

このひと言から、ダメダメ尽くしの人生がはじまってしまうのだ。

私も一緒に仕事をしていると、「この人、いちいち細かいことまでメールしてくる人だな……」と思うこともあるが、そういう人たちは100%、出世して偉くなっているものだ。

そういう人は、私に対してだけではなく、誰に対してもまめに報告・連絡・相談をしている。それはまるで呼吸のように発信しているのだ。

プライベートでも、こういう人はモテるだろう。

プライベートでもモテるということは、お客様からも上司からもモテモテだということだ。

結果として出世するから、お金からもモテるのだ。

これからのひと言

「情報共有化、ありがとうございます」

18

「自分はいいと思うけど、上司がねぇ……」

取引先と長時間にわたる商談をして、終盤になってこう言われることがある。

「自分はいいと思うけど、うちの上司がねぇ……」

これほど相手のやる気を奪う言葉はない。

取引先は、本心では決定権者である上司に直接プレゼンをしたかったはずなのだ。しかしそれが叶わず、下っ端のあなたで甘んじたのだ。

だからこそ、「うちの上司がねぇ……」などと、最初からわかり切ったことをいちいち念を押されたくはないのだ。

「自分はいいと思うけど、上司がねぇ……」というひと言には、「もしこの企画が通らなくても、私のせいではないからね」という、ヘナチョコな責任逃れの意味も含まれている。

これは相手をがっかりさせるだけではなく、人選を誤ったと後悔させるセリフでもあるのだ。

もしあなたが、取引先と信頼関係を構築していきたいのであれば、こう言うことだ。

「自分はいいと思うので、上司にちゃんと伝えます」

このひと言で取引先は、まずあなたに気に入ってもらえたことで、ひと安心できるからだ。

そして取引先は、あなたのその想いを必ず決定権者である上司に伝えてくれると信じることができるのだ。

もちろん相手も大人だから、あなたがいくら気に入っても、上司が気に入らなければボツになることくらい百も承知だ。

その場合、あなたは相手に「自分の力不足で納得させられなかったけれど、今回はひとつ発見がありました。上司はもう少し具体例を増やしてもらいたかったようです」と、次へと繋がる情報を提供することだ。

たったこれだけで、相手はあなたのファンになり、ともに将来、大輪の花を咲かせる同志として全幅の信頼を置くようになるだろう。

「自分はいいと思うけど、上司がねぇ……」と、他人のせいにするのではなく、上司という牙城《がじょう》を、取引先と一緒に崩していく姿勢が楽しい人生を創るのだ。

私が20代の頃、商談相手から言われて嬉しかったひと言がある。

「よしわかった。俺はこの企画を絶対に通したいから、一緒にうちの〝上司対策〟を練ろう」

そう言ってくれたとき、「この人と一緒に出世していきたい！」と強く思ったものだ。

取引先をファンにするか敵にするかの蓄積は、その後の人生に大きな影響を及ぼす。

これからのひと言

「この企画はぜひ通したいと思いました」

19

「とりあえず検討しておきます」

あなたが無難でそこそこの人生で終わりたければ話は別だが、この世に生まれてきたからには、エキサイティングな人生を歩みたいと思うのであれば、「検討しておきます」という言葉で逃げないことだ。

「じゃ、とりあえず検討しておきます」

そう言って、本当に検討する人なんていないことくらい、今どき誰でも知っている。

嘘をついて話をボツにするくらいなら、その場でNOを伝えたほうが、相手に信頼される。

なぜなら、相手の時間を奪わないからだ。

私もよくNOを突きつけるが、これまでにそれで人間関係が決裂した記憶はない。少なくとも、私はNOを突きつけて、自分から相手を見捨てたことはない。

メールでも、1分でNOを突きつけて断ることで、逆に相手に信頼されて、その後も関係が長続きしている人も多いのだ。

NOを突きつけたあと、あなたにサービス精神があれば、「この部分をこうしなければ、うちでは永遠に企画が通らない」と教えてあげるのもいいだろう。

これについては、相手の人格や熱意から判断すればいい。

相手のレベルが高ければ、必ず何度でもチャレンジしてくる。そしてそういう相手とは、ともに咲いていきたいと強く思う。

だが、もし仮に本当にあなたが検討する場合、そのときは「じゃ、とりあえず検討しておきます」とは言わないことだ。ボツになったと相手を誤解させるからだ。

本気で検討する場合には、「○日まで時間をいただけますか」と伝えればいい。時間を設定することによって、本当に検討することが相手に伝わる。

私がこれまで多くの成功者に応援してもらったのも、「検討」という2文字をうっかり口にするたび、彼ら彼女らから厳しく注意を受けて、躾《しつ》けられてきたからだと思っている。

成功者たちの辞書には「検討」という文字はないのだ。

「検討」という言葉は、決断できない臆病者が頻繁に使う悪魔の言葉であり、周囲から成功者やお金が一目散に去って行く言葉なのだ。

あなたの人生から「検討」の2文字を抹消するだけで、人脈をガラリと変えられる。

1日ひとつずつ、「検討中」を貯めると、1年後に300以上の「検討事項」に埋もれることになる。

これからのひと言

「今回はお断りさせてください」

20

「2時頃に伺います」

サラリーマン時代、出入り業者で「2時頃に伺います」といったように「頃」をつける会社と、「2時に伺います」といったように「頃」をつけない会社に分かれていた。

前者は業績が悪く、後者は業績が良かった。

前者は「頃」という曖昧な表現に逃げて、実際、到着するのは5分や10分程度の遅刻は当たり前だった。もし遅刻だと責められても「だから2時頃と言いましたよね！」と逃げることができるからだ。

その曖昧さが社員たちのだらしなさにも繋がり、巡り巡って、仕事のいい加減さに影響を与える。

結果的に納期も守れないから、ちゃんとした取引先は途切れていった。その代わりに、時間とお金にルーズな取引先に囲まれて、倒産していった会社も多い。

後者は「頃」という曖昧な表現に逃げず、約束の時間5分前に受付に到着して、余裕を持って打ち合わせに臨むことができた。

その明確さが社員たちの礼儀正しさにも繋がり、巡り巡って、仕事の出来の良さに影響を与える。

結果的に納期も死守するから、ちゃんとした取引先に囲まれていった。ちゃんとした取引先からは、ちゃんとした取引先を紹介してもらえる。だからますます富んでいき、私が担当していた取引先の中には、わずか数年で数倍だとか十数倍の規模へと成長した企業も多い。

私はこれらを間近で見るたびに、「頃」という言葉だけは使うまいと心に誓った。


独立してからも「頃」という言葉を使う人間に遭遇することがあった。

インターネットや周囲の人脈を総動員して、そういう人の事前情報を集めてから試しに会ってみると、やはり噂通りのペテン師だった。

そういう人ほど、日本に近いアジアの国から帰ってきただけなのに、〝海外帰り〟を強調し、二流の高級外車のキーを冴えない部下に放り投げるなどのパフォーマンスを繰り広げる。そんな虚勢を張るものの、話の中身は空っぽだった。

同じように、一時期テレビで顔にモザイクをかけられ、連日、吊し上げられていたことある本人に「少しは反省したのかな」と会ってみたら、「こりゃダメだ」という1次情報を得たに過ぎなかったものだ。

こうしたペテン師たちの共通点は「頃」という言葉を常用することだった。

翻って、あなたはどうだろうか。

「頃」という言葉を常用していると、周囲からペテン師扱いされているかもしれない。

これからのひと言

「2時までには伺います」

第3章

「同僚」に言ってはいけない

21

「こんな会社、いつか辞めてやる」

サラリーマンである限り、これを言ったらおしまいという言葉がある。

「こんな会社、いつか辞めてやる」

このひと言だ。

「いつか」という部分が、まさに根性なしの常套句なのだ。

私もこれまでにこのセリフを何百人、何千人から聞いたと思うが、「いつか」が実現したサラリーマンは1人もいなかった。

例外として、リストラされて無職になった人間なら何人かはいるが……。

「こんな会社、いつか辞めてやる」という思いは、サラリーマンである限り、周囲の同僚たちだって一度は思ったことがあるはずだ。

ところがこれを口に出した瞬間、あなたの価値は急降下していく。

周囲から「はい、1名脱落」とカウントされ、「アイツ、辞めるって言っていましたよ」と上司の耳にも入るだろう。

組織で生きる以上、「こんな会社、辞めてやる」と言って、いいことなどひとつもないのだ。

あまりピン！　とこないかもしれないが、サラリーマンというのは、同僚がみなライバルだ。

大なり小なり競争を強いなければ、組織の成長が実現できないからだ。

競争はしんどいという風潮もあるが、これからもしばらく資本主義が続く以上、競争から逃げることはできない。少なくとも、私たちが生きる現代とはそういう時代なのだ。

この事実を踏まえた上で、あなたはどう生きるのかを決めることだ。

独立の覚悟を本気で持っているサラリーマンは、10人に1人もいない。

そして、そんな覚悟を持っている人間というのは、決して普段から「独立」をチラつかせたりはしない。

それどころか、耐えに耐え抜いて、社内で出世を狙っていると周りから勘違いされるくらいだ。

私も独立経験者だからわかるのだが、サラリーマン時代に組織の理不尽さに対して、なぜ平気でいられたかといえば、最初から１００％、辞めると決めていたからだ。
私は我慢強くもなければ根性もないが、ただ独立の覚悟は決めていた。
できもしないことを吠え続けると、それだけで嘘つきと思われるから損なのだ。

これからのひと言

いざ独立する際に

「今までお世話になりました」

22

「独立して成功するなんて、世の中そんなに甘くないよ」

サラリーマンが独立するとなると、周囲から必ず言われるセリフがある。

「独立して成功するなんて、世の中そんなに甘いものじゃないよ」

このひと言が代表例だ。

しかも、たいして親しくもなかった連中に限って、ポーズで引き留めようとする。

それはまるで、身内の葬式で「あれ誰だっけ？」というような知らない人が、棺桶にしがみついて泣き崩れているような不自然さだ。

私が独立する際にも、これまで何も接点のなかった役員から、こんなことを言われたものだ。

「ご愁傷様」

「これからの人生、大丈夫？」

誠に申し訳ないが、彼らは自分が発したその言葉通りの人生を、今歩んでいる。

あるいは独立直後にたまたま空港で出逢ったサラリーマン時代の〝補欠の先輩〟からは、延々と独立の厳しさを説かれてしまった。

「独立してから2年を経過すると、食べていけなくなるらしいよ」

誠に申し訳ないが、独立後2年経過して、ますます事業は軌道に乗り、3年目にブレイクすることができた。

この人たちの共通点は、2つある。

◎自分が独立を経験したことがないこと。

◎私と親しくも何ともなかったこと。

反対に、私と親しかった人たちはこんな言葉を贈ってくれた。

「あと5年早くてもよかったくらいだ」

「あんた、3年以内にブレイクするで。ワシが保証したる」

「おめでとう！　君もようやくこっち側の世界に来たね」

サラリーマン時代、私より先に独立した同僚もたくさんいたが、私は彼ら彼女らには「世の中そんなに甘いものじゃないよ」とだけは言わなかった。

これから挑戦しようとする相手に向かって、そんなやる気を削ぐような言葉を吐くのは、私の価値観にはあり得ないからだ。

独立直前に誰にどんな言葉を言われたのかは、言われた本人はずっと鮮明に憶えている。

もし独立した人が成功したら、社会的地位は完全に逆転する。たとえサラリーマンのままでいたとしても、どうせなら数多くの成功者から引っ張り上げてもらえる存在になったほうがいい。

これから何かを挑もうとする人に向けて、ついやる気を削ぐようなことを言ってしまう人は、将来的にマイナスを重ねているのだ。

これからのひと言

尊敬の眼差しで

「卒業、おめでとう！」

23

「もっと頑張れ」

部下を育成する際によく聞かれるセリフに「もっと頑張れ」というひと言がある。

つい口にしてしまうこの言葉には、注意が必要だ。

相手を深く傷つけてしまうこともあるし、それどころか相手を追い詰めてしまって、鬱《うつ》にさせてしまうこともある。

もちろん「もっと頑張れ」と発破をかけた本人は、悪気がないどころか、部下を励ましたいい上司だと思い込んでいるくらいだ。

たしかに20世紀までは「もっと頑張れ」で通用したこともあるが、今世紀に入ってから、時代はより進化して「もっと頑張れ」は、陰湿ないじめと解釈されることもあるのだ。

あなたも仕事で行き詰まった際に、「もっと頑張れ」と上司や先輩から言われて辛かったことはないだろうか。

もうすでに精一杯頑張っているのに、さらにこれ以上頑張るとなると、もはや心身ともに崩壊してしまうという不安と恐怖に襲われるのだ。

これはあなたの子ども時代に遡《さかのぼ》ってみるのもいいだろう。

子ども時代に勉強ができなかった人は、頑張ってもできなかったはずだ。頑張ってもできないから頑張らなくなったのに、「もっと勉強しろ」と追い詰められて苦しんだはずだ。

子ども時代に運動ができなかった人は、頑張ってもできなかったはずだ。頑張ってもできないから頑張らなくなったのに、「もっと速く走れ」と追い詰められて苦しんだはずだ。

子ども時代に絵が下手だった人は、頑張っても下手だったはずだ。頑張っても上達しないから頑張らなくなったのに、「どうしてもっと上手に描けないの」と追い詰められて苦しんだはずだ。

いかがだろうか。

あなたにも頑張ってもできなかったことが、1つや2つはあるはずだ。

頑張ってもできない相手に「もっと頑張れ」と追い詰めることほど、ひどい仕打ちはないと気づくだろう。

本当は不器用な人のほうがずっと頑張っている。

もちろん仕事は成果がすべてだし、努力そのものは評価されず、される必要もない。

ただ、不器用な人をいじめるのは、何の生産性もないし、人としてとても醜い行為ではないだろうか。

これからのひと言

「別のやり方を一緒に考えよう」

24

「もっと謙虚になれ」

あなたより仕事ができる部下や後輩はいないだろうか。

もし「いない」と言うのなら、あなたはかなり人を見る目がない。否、現実から目を逸らしている臆病者に過ぎない。

私のサラリーマン時代には、部下や後輩に確実に私より優秀な人材がわんさといた。

それでも私の立場が組織内で上だった理由は、単に勝てる土俵でとことん勝っていたからだ。

もともとの知能指数や器用さにおいては、彼らに完敗だと瞬時に見抜いたため、焦った私は勝負の土俵を素早く変えた。

ところが、同僚の中にはそうした優秀な部下や後輩に対し、ひどいバッシングをする人間もいた。

そうした同僚たちが異口同音に唱えたセリフがある。それが、

「もっと謙虚になれ」

というひと言だった。

たしかに優秀な人材は、生意気なこともあった。

ところが、自分が尊敬できない相手から「もっと謙虚になれ」と言われて、「わかりました」と本気で思える人間などこの世にいない。

口には出さずとも「お前にだけは言われたくない」と、ますます反感を抱くはずだ。いい悪いは別として、それが人間の本能である。

「もっと謙虚になれ」と言い続けられた優秀な部下や後輩は、早々にその組織を去るだろう。

こうして組織は崩壊していくのだ。

ではどうすれば、優秀な人材が謙虚になるのか。

それは、尊敬できる相手から注意されるか、尊敬できる相手に態度で示されるか、この2つ以外に方法はない。

つまり、上司や先輩が、部下や後輩よりも活躍して、自然に尊敬されるようになる以外に、優秀な彼らを謙虚にさせる方法はないのだ。

誠に厳しいが、これが現実である。

「謙虚になれ」なんて言われなくても、自分よりはるかに格上の上司や先輩が謙虚なら、部下や後輩は勝手に謙虚になる。

逆に、たいした実績もないくせに、ただ年齢や入社歴が上だというだけで「謙虚になれ」と命令すること自体が、まったく謙虚ではないのだ。

まずは、自分が圧倒的実力をつけた上で謙虚になることだ。そうすれば周囲は自然に謙虚になるのだ。

これからのひと言

（あなたが実力をつけた上で）

「もう少し謙虚だといいね」

25

「絶対、アイツだけには負けない」

いい悪いは別として、サラリーマン社会はサバイバルゲームだ。

「うちの会社は家族的で、いつも和気あいあいとしているよ」と、主張する人もいるかもしれない。

そうした呑気《のんき》なことを言っている人は、突然リストラされたり、またそういう呑気な雰囲気の組織は衰退していく。そんな姿をこれまで数え切れないほど見てきた。

江戸時代には江戸時代の流れがあり、明治時代には明治時代の流れがあった。

昭和時代には昭和時代の流れがあり、現在には現在の流れがある。

現代の流れとは、形はかなり変わったとはいえ、サバイバルゲームをしながら、私たちは修業をする時代なのだ。

どんなに悪あがきをしたところで、時代の流れには逆らうことはできない。

そうした厳しいサバイバルゲームの中、「絶対、アイツだけには負けない」とあちこちで喚《わめ》き散らす人がいる。

私のサラリーマン時代にも、こうした負けん気むき出しの同僚はたくさんいた。

彼ら彼女らの共通点は、最終的に全員負けていたということだった。

「絶対、アイツだけには負けない」と言ってはいけない理由は2つある。

まず、「絶対、アイツだけには負けない」ということは、裏を返せば「でも、負けている」と自分自身を洗脳しているということだ。

吠えれば吠えるほどに「でも、負けている」と、全身の細胞にインプットし続けているので、どうあがいても、やっぱり負けてしまうのだ。

そして次に、「絶対、アイツだけには負けない」と叫んでいるあなたを、周囲の人が何度も見るたびに、あなたが惨《みじ》めに負ける姿をぜひ見てみたい、と強く思うようになるのだ。

人間はもともと「他人の不幸は蜜の味」と感じる生き物だからである。

負けん気むき出しのあなたは、無意識のうちに周囲を敵に回しているのだ。


こうして、言えば言うほど、あなた自身も自分で負けるように仕向け、周囲の環境からも負けるように仕向けられてしまっているのだ。

これが、負けん気むき出しの人ほど、最終的に不幸になる理由なのだ。

本音では誰だって負けたくない。

だが、それをむき出しにして足を引っ張られるか、無関心を装って逆転不可能な立場まで出世するかは、あなたが決めることだ。

これからのひと言

「アイツ、凄《すご》いなぁ……」

26

「この部分なら自分のほうが勝っている」

仕事では、勝ち負けが明白に出る。

義務教育期間のときのように、序列をぼかされ、落ちこぼれがホッと胸を撫《な》で下ろす……、ということはできない。

100人いれば1位から100位まで明確な序列があり、1位と100位では、扱いも給料もまるで違う。

しかし、それでいい。

その中でも中途半端な人間によく見られる傾向が、〝部分勝ち〟を叫ぶことだ。

「この部分なら、自分のほうが勝っている」という独自の指標で、勝手に自分の地位を上げて、格上の相手に並ぼうとしたがる。

これは、非常に迷惑で醜い行為だ。

率直に申し上げて、うっとうしい。

もちろん、その〝部分勝ち〟が、組織内でも圧倒的で、周囲が認めざるを得ない評価を得ている場合なら話は別だ。

それほどの突出した〝部分勝ち〟であれば、組織も別枠で、それにふさわしい地位と給料を与えるはずだからだ。

しかし、そこまでも突出していないのなら、〝部分勝ち〟を自分からあえて叫ばないことだ。

「この部分なら自分のほうが勝っている」ということは、換言すれば「この部分以外は、自分がすべて負けている」ということにほかならない。

自分で完敗しているとわかっているにもかかわらず、自分に嘘をついてまで、醜い虚勢を張ってはいけない。

たとえ他人に嘘をついても、自分自身だけには嘘をつくべきではない。

「この部分なら自分のほうが勝っている」と言いたい気持ちはわからないでもないが、そこをグッとこらえて、トータルではボロ負けだという事実を受容することだ。

幸いサラリーマンのサバイバルゲームは長期戦だ。

長期戦のサバイバルゲームに勝つためには、まず現実を受け入れるという階段からしか出発できない。

現実を受け入れるという階段は、まず目を背けたくなるほどの自分の弱さを正面から受容することだ。

自分の弱さを正面から受容するのは、最初は勇気がなくて難しいかもしれない。

だが、この最初の階段を突破すれば、次の階段は少しハードルが下がる。

成功への階段は上れば上るほどに、ハードルが下がっていくのだ。

最初の１段目より、１００段目のほうがずっと楽チンで楽しくなっているのだ。

これからのひと言

「よし、自分はもっと成長しよう」

27

「な、俺が言った通りになっただろ？」

自分からは一歩も動き出さないくせに、他人の背中の後ろにじっと隠れて傍観している輩《やから》はどこにでもいる。

彼ら彼女らは挑戦者を眺めながら、「あんなの無理に決まっている」「きっと失敗するよ」といつもヒソヒソ話をしている。

結果的に挑戦者が失敗すると、「な、俺が言った通りになっただろう?」と狂喜する。そして、鬼の首を取ったように、安っぽい評論がはじまる。

こんなに見苦しい人間はいないとあなたは思うかもしれない。

だが、私の見たところ過半数の人間が本質的にはこれと同じことをしているものだ。

人間というのはそのくらい、醜くて弱い生き物なのだ。

私は2社の上場企業でサラリーマンを経験し、コンサルタントとしてもさまざまな組織を見てきたが、サラリーマンの8割以上は、この種の人間の集まりではないだろうか。

現在、私が仕事で関わっている出版業界においても、これに当てはまる人はいる。

誰かがベストセラーを出そうものなら、「あの人は一発屋で終わるよ」と噂される。

出版業界は、現在本当に厳しく、実際にその通りになる確率がかなり高いのをいいことに、「ほら、私の言った通りになったでしょ?」と、悦に入っている人が多いのだ。

そんな暇があれば、1冊でも自分がベストセラーを作ればいいのに、〝不幸の予想屋〟に成り下がっているのだ。

結局、どの業界にも、人間には2通りしかないことに気づかされる。

「な、俺が言った通りになっただろう?」と言われながら、成長していく挑戦者。

「な、俺が言った通りになっただろう?」と言いながら、嫉妬する負け犬。

あなたがどちらを選ぶかは、個人の好みの問題だ。だから、他人にとやかく言われることではない。

だが、少なくとも私は、前者を目指している人に向けて本を書いているというだけの話だ。

あなたが何かに挑戦しようというとき、必ずそれについてヤイヤイ言ってくる負け犬はいるものだ。

ただ、世の中はそういうものだということを知っておけばいい。

間違ってもヤイヤイ言ってくる負け犬と、一緒にじゃれ合ってはいけない。

それでは同じ穴のムジナになってしまうからだ。

挑戦者は挑戦者の役割を、負け犬は負け犬の役割を粛々と果たし続ければいいのだ。

これからのひと言

「俺も挑戦者の世界に引っ越そう」

28

「アイツ、もう終わったな……」

学生時代だけでなく、社会人になってからも、傍観者たちがよく口にするひと言がこれだ。

「アイツ、もう終わったな……」

私はこれまでこのセリフを聞くたびに、言った本人と、言われた本人の追跡調査を試みた。

その結果、「アイツ、もう終わったな……」と言った本人のほうが、まさに終わっていた。そして言われた本人は、みごとに復活して、成功していたことが多かった。

これは本当に笑えない事実だ。

なぜなら「アイツ、もう終わったな……」と口にする人のほうが、圧倒的に多いからだ。

学生時代に劣等生で「アイツ、もう終わったな……」と嘲《あざ》笑われていた人が、その学校を代表するほどの成功者になっていることもあった。

芸能人でも「アイツ、もう終わったな……」と嘲笑われていた人が、引退後にビジネスで成功して、億万長者になっていることもあった。

サラリーマンでリストラされて「アイツ、もう終わったな……」と嘲笑われていた人が、独立して自分が勤めていた会社よりも、影響力を持つようになったということもあった。

人生は、本当に何がどうなるかわからないのだ。

そういう状況を見るたびに、私は「アイツ、もう終わったな……」とだけは、怖くて言えなくなったものだ。なぜなら、そう言っている連中は、いつも群がっていて、その集団ごと落ちぶれていく姿を数え切れないほど目の当たりにしてきたからだ。

集団で落ちぶれていくのは、独りで落ちぶれるよりもずっと質が悪い。

独りで落ちぶれていくときは、焦って必死に努力しようとするが、集団で落ちぶれていくときは、お互いにもたれ合ってしまうからだ。

必死に努力すれば、世の中どうにかなることが大半であるにもかかわらず、集団でいるとナァナァの関係になり、焦りもしなければ努力もしないのだ。

たとえ必死に努力して抜け出そうとしても、「おい、お前裏切るのか?」と足を引っ張られてしまう。

落ちぶれた集団は、上に行くエネルギーはからきしないが、自分たちより上に行こうとする人間を下に引っ張るエネルギーは、やたら強いのが特徴だ。

チンピラや暴走族が、まさにこれに該当する。

「アイツ、もう終わったな……」と言う連中は、揃いも揃っていつも偉そうだ。

「もう終わった」と言いながら、まだ自分の人生ははじまってもいないことを知らない。それにもかかわらず、偉そうに振る舞っているのだ。

これからのひと言

「人生はどうなるか誰にもわからない」

29

「俺たちも我慢してきた。だから君たちも我慢しろ」

かつて、体育会系の学生の揺るぎない価値観として、「俺たちも我慢してきた。だからお前らも我慢しろ」というのがあった。

実は、私が中高時代もこうした価値観はあったが、大学時代には、このような空気が学生には馴染《なじ》まず、体育会系離れが徐々にはじまっていたようだ。

全盛期には50人の部員を抱えていた体育会系の部が、私が卒業して何年か経つと部員ゼロになって、廃部の危機に陥ってしまったところもあるほどだ。

その部の主将は私のクラスメイトでもあり、よく話す機会もあったが、大手広告代理店に就職した彼は「もう体育会系は流行らなくなった」と嘆いていた。

「自分たちも我慢してきた。だから君たちも我慢しろ」というのは、もう20世紀の捨てるべき古い価値観なのだ。

私が20世紀の最後を過ごした損害保険会社でも、この片鱗はすでに見られていた。上司や先輩が「最近の新入社員は、我慢を強要すると平気で辞めていく」と嘆いていたものだ。

現に、私の同期や、1期下で同じ管轄に配属された若手は、理由の真意は定かではないが、わずか数年の間に全員が辞めている。

せっかく安定した大企業に入ったのに、我慢を強要されたくらいであっさり辞めるなんて、とても考えられないことだ、と上司や先輩は驚愕《きょうがく》していた。

その後に転職した経営コンサルティング会社では、我慢嫌いの私でさえ呆れ返るほどの筋金《すじがね》入りの我慢嫌いであふれ返っていた。

仕事の性質上なのか「自分たちも我慢してきた。だから君たちも……」などと言おうものなら、「では、我慢しなくてもいい方法を考えましょう」と言われてしまう始末だ。

こうして私は、この価値観は完全に前世紀の遺物と化したのだと確信した。

このような現実を直視して嘆くのではなく、すべては進化していると考えることだ。「自分たちも我慢していた。だから君たちも我慢しろ」という考えは、単にいじめではなかったかと省みるのだ。

もちろん仕事には我慢しなければならないことは山のようにある。

だが、その場合も口で言って相手に我慢を強要するのではなく、あなたの実力で相手を圧倒させるのだ。

たとえば、あなたが部下や後輩より雑用が圧倒的に上手ければ、彼ら彼女らも動かざるを得ないということだ。

これからのひと言

圧倒的実力をつけて

「これ、やってごらん」

30

#「答えは自分で考えろ」

私が新入社員の頃、上司や先輩に「答えは自分で考えろ」と言われると、強いストレスを感じた。

新入社員は、右も左もわからない。そんな人間に、答えを自分で考えさせるのは酷というものだ。

何がわからないのかさえもわからないのだから、仕事がまったく進まない。

数学でいえば公式を教えてもらえないままに、じっと問題を眺めつづけているような状態だ。

それでも時間が経って少し慣れてきた頃、後輩の指導をする機会が巡ってきた。

後輩の指導をしていくうちに、「答えは自分で考えろ」という指導方法は、完全に間違いであることに気づかされた。

この言葉は、単に自分も答えがわからないから、逃げるために言っているに過ぎないと、自分が教える立場になってわかったのだ。

「答えは自分で考えろ」ではなく、正しくはこうだ。

「答えは教えるから、理由は自分で考えろ」

ということなのだ。

答えさえ教えてもらえれば、とりあえず目の前の仕事を片付けることはできる。そうやって目の前の仕事を大量に片付け続けるうちに、次第にその理由がわかるようになってくるのだ。

「答え」は他人に教えてもらってもいいが、「理由」は自分で気づかなければ意味がない。

なぜなら、まったく同じ仕事でも、それを誰がやるかによって、意味が違ってくるからだ。

レベル30の人間とレベル60の人間とレベル100の人間とでは、同じ仕事をやってもその意味はまるで違う。

換言すれば、どれだけ仕事の意味を見出せるかによって、人のレベルが決まるのだ。

転職先ではこの教訓を活かし、部下や後輩に答えをどんどん教え続けた。

その代わり、理由については相手にとことん考えさせた。

答えを教えてあげたにもかかわらず、理由まで私に聞いてきた図々しい人間に対しては、「もうやらなくていいよ」と、最高に優しい笑顔で伝えた。

つい先日、私より先に独立して大成功している元部下に、ホテルのラウンジで偶然出逢い、こう告げられた。

「千田さんは出し惜しみしないですぐに答えを教えてくれた。でも理由は一度も教えてくれなかった。あれがよかった」

これからのひと言

「理由は自分で考えろ」

第4章

「恋人」に言ってはいけない

31

「ちゃんとメールの返事ちょうだい」

最近はメールのやり取りがコミュニケーションの主流になりつつある。私自身もそうだ。

面談や電話と違って、メールはいつでも相手の好きな時間に見てもらえばいいし、お金も時間もかからない。世の中は最適なものが主流になるようにできているのだ。

さてこの便利なメールだが、注意しなければならないこともある。

面談や電話と違って、相手の表情や肉声がないために、文面でしか判断できないことだ。

「大丈夫?」というひと言も、メールの文面で見るのと、相手の言葉を聞くのとでは、受け手に伝わる印象はかなり違う。

たとえば「大丈夫?」というひと言は、肉声ではねぎらいを感じるが、仕事上のメールのやり取りで、ひと言「大丈夫?」とだけ送られてきたら、冷たさを感じる場合もある。

「自分はそんなつもりはなかった」という誤解が多発するのがメールの注意点だ。

だが、コミュニケーションとは、自分で伝えたつもりになったことではなく、相手

に伝わったことがすべてなのだ。

中でも人生の最大の楽しみであるはずの恋愛関係で、これを恋人にやらかしたら一巻の終わりという悪魔の言葉がある。

「ちゃんと返事ちょうだい」

これが、そのひと言だ。

しかも「ちょうだい」のあとには、絵文字の〝怒りマーク〟というおまけ付きだ。

さらには、返事をしにくい内容の重いメールほど、そうやって返事を迫られるから始末に負えない。

返事を迫られると、ますます返事が遅くなる。ちゃんとした返事をしなければ、さらに相手の怒りを買ってしまう……と怯えるからだ。

そうやって一生懸命、焦って文面を考えているうちに、ついウトウトしはじめて夜が明けてしまう。

そうしてずっと返事を待ち続け、不安で一睡もできなかった相手は、さらに怒りが爆発する。

こうして負のスパイラルに巻き込まれて、別れのきっかけになる。

すべては「ちゃんと返事ちょうだい」と相手に迫ったことが原因なのだ。

「ちゃんと返事ちょうだい」というメールは、決まって返事をしにくい内容なのだ。

返事がもらえないのは、返事をもらえないようなメールを送っているからだ。

「ちゃんと返事ちょうだい」と書かずに、どうしたら返事をもらえるのかを考えよう。

周囲で恋愛上手な人や、コミュニケーションが上手な人のメールを見せてもらえば、自分との違いが浮き彫りになるはずだ。

これからのひと言

「またメールするね」

32

「どうして電話に出なかったの？」

先日、高級ホテルのラウンジでキャバ嬢が大声で電話しており、周囲の顰蹙《ひんしゅく》を買っていた。

どうやら彼女はホストとつき合っているらしく、いくら電話をかけても出てくれないと怒り狂っていたようだ。

携帯社会になった今、最悪のＮＧワードはこれだ。

「どうして電話に出なかったの？」

携帯電話というのは、いつでもどこでも誰にでもかけられるから、便利なのは間違いない。

だが便利であるがゆえに、相手を束縛する道具にもなる。

携帯電話をかける側にとってはいつもベストタイミングかもしれないが、かけられる側にとっては、しばしばワーストタイミングなのだ。

あなたも思い返してもらいたい。

たまたまマナーモードに設定し忘れて、静粛の中で不覚にも携帯電話が鳴り響いてしまったことがないだろうか。

その電話をかけてきた相手というのはたいていの場合、どうでもいい用事でかけてきているものだ。

さらに厳しいことを言わせてもらえば、ワーストタイミングで電話をかけてくる相手というのは、揃いも揃って運が悪い相手ばかりだ。

運の悪い人は電話に限らず、すべてにおいてタイミングが悪く、あなたの人生すべてを台無しにする〝さげまん〟なのだ。

最近は家に充電しっ放しで、携帯電話を持ち歩かない人も急増しているし、そもそも携帯電話にかけたからと言って、100％相手が出るものだと思っていること自体が異常だ。

恋人があなたの携帯に出ないのは、いくら愛している相手でも束縛されたくないからだ。結婚して誰もが最初に気づくことは、独りの時間がいかに大切だったかということだ。

どんなに愛情が深くても、独りの時間を確保できないような結婚は、単なる苦行だ。

そう考えると、結婚もしていないのに束縛してくる相手など、最初から恋人などとは思われていないのだ。

換言すれば、今の恋人と別れたければ、連日〝どうして電話に出なかったの？　攻撃〟で、束縛し続ければいい。

相手がよほどのドM型でもない限り、あっさり別れることができるだろう。

電話に出てもらいたければ、普段から相手の自由を尊重し束縛しないことだ。

これからのひと言

「今、大丈夫だったかな？」

33

「私と○○、どっちを取るの？」

最近は、男性が女性にこう迫ることも増えてきたと聞くが、「私と○○、どっちを取るの?」という昔ながらのやり取りがある。

「私と仕事、どっちを取るの?」

「私とゴルフ、どっちを取るの?」

「私と鉄道模型、どっちを取るの?」

「私と○○、どっちを取るの?」

もしあなたが恋人にこういう迫り方をすると、最終的にあなたは「○○」に確実に負ける。

なぜなら「○○」はあなたのように「どっちを取るの?」と恋人に迫らないからだ。

仕事は恋人に「どっちを取るの?」と迫らない。

ゴルフは恋人に「どっちを取るの?」と迫らない。

鉄道模型は恋人に「どっちを取るの?」と迫らない。

迫った瞬間、負けなのだ。

浮気相手にも、これはそのまま当てはまる。

「私と奥さん、どっちを取るの？」と迫ると、あなたは奥さんに100％負ける。

なぜなら奥さんは旦那に迫らないからだ。

反対に奥さんが「私とあの子、どっちを取るの？」と迫ると、奥さんは100％負ける。

なぜならあの子は、旦那に迫らないからだ。


恋人の争奪戦に勝ち残る方法は1つしかない。

その恋人に迫らないことだ。

あなたさえ迫らなければ、周囲のライバルは勝手に恋人に迫り続けて、結果的に自滅してくれる。

争奪戦は、奪った者が勝つのではなく、残った者が勝つ。

芸能人でも意外なカップルが続出するのは、奪い合っていた競合同士が相殺《そうさい》し合った末、ノーマークの人間が「いただきます」と最後に獲得するからだ。

だから、意外に無欲で素朴に見える人間が、人生の大逆転をすることが多いのだ。

もしあなたが恋人の浮気に悩み、自分のところに本気で戻ってきてほしいのであれば、いちいち喚かないことだ。

黙って放っておけば、恋人はそのうち浮気相手とトラブルを起こして、あなたのところに戻ってくる可能性がある。

だが喚いた瞬間、あなたはその場で見切りをつけられる。

これからのひと言

「今日も楽しかったよ」

34

（女性に）「太った？」「その髪型、ヘンだよ」「老けたね〜」

男性が親しくなった女性に対して、ついやらかしてしまうことがある。

それは、女性の容姿について、冗談まじりにイジってしまうことだ。

「ちょっと見ない間に、ずいぶん太った？」

「その髪型、ヘンだよ、ヘン！」

「しっかし、老けたね～、完全におばちゃんだな（笑）」

男同士だと「メタボだよ、メタボ」「いちだんと額が眩《まぶ》しくなったな」「定年間近の貫録だ」などと、お互いの容姿について笑いながら言い合えるので、ついその調子で女性にもやらかしてしまうのだが、これは完全にアウトだ。

女性にとって容姿というのは、男性にとってのそれとは重みがまるで違う。

女性の容姿とは、何ものにも代えがたいほどの本質なのだ。

女性は誰に教わるわけでもなく、生まれながらにしてお洒落が大好きだ。それは、地球上で女性が化粧やお洒落をしない民族はいないことからもわかる。

女性は無意識のうちにお洒落に没頭するが、それは強い精子を自分の体に取り込むためだ。すべては自然の摂理が働いている。

なぜかというと、男性は健康的で美しい女性に性的興奮をして、勃起する生き物だからである。だから、より美しくなって、その時代で強者とされる男性の精子を獲得しようと子宮が騒ぐのだ。

命がけで美しくなろうとしているのだ。

そういう女性に対して、容姿を侮辱するのは、死ねと言っているに等しい。

もし芸能人で〝ブスキャラ〟としてデビューを果たした芸人でも、女性である限り容姿を侮辱されて平気なはずがない。

どんなにお金を稼げても、女性として評価を受けなければ、彼女の人生に意味はないのだ。


翻《ひるがえ》って、あなたはどうだろうか。

つい気を許した女性に対して、冗談であれ、容姿を侮辱してはいないだろうか。

たとえ彼女はあなたのことが好きで、無理して笑ってくれていたとしても、心の中では１００％泣いている。

そして、あなたが冗談のつもりで言った容姿に対する侮辱は、生涯忘れることのない心の傷となって刻まれる。

女性の容姿を侮辱するのは、刃物で切りつけるのと近いものがあると憶えておこう。

これからのひと言

たとえ嘘でも

「綺麗だね」

35

（男性に）
「安月給のくせに」
「頭悪いね」
「ダメな男だね〜」

女性が親しくなった男性に対して、ついやらかしてしまうことがある。

それは男性の実力について、冗談まじりにイジることだ。

「安月給のくせに……」

「こんなことも知らないの？　学歴って嘘つかないよね」

「(車の助手席から)ほらまた道に迷った。本当にダメな男だね〜」

女同士だと「私、派遣で給料安いし〜」「私、頭悪くて大学行けなかったし〜」「私、ナビがあっても使い方わかんないし〜」と自分のダメなところを笑い合えるので、ついその調子で男性にもやらかしてしまうのだが、これは完全にアウトだ。

男性にとって実力というのは、女性にとってのそれとは重みがまるで違う。

男性の実力とは、何ものにも代えがたいほどの本質なのだ。

男性は誰に教わるわけでもなく、生まれながらにして強い者に憧れる。

「すごいね！」「大きいね！」「強いね！」と言われると、単純に燃え上がるのが男性だ。

男性は無意識のうちに実力磨きに没頭するが、それは自分の精子を健康的で美しい女性の子宮に送り込んで、より強い子孫を残すためだ。すべては自然の摂理が働いている。

なぜかというと、女性はその時代で強者とされる男性の精子を獲得したい生き物だからである。強い精子が接近してくると、子宮が勝手に騒ぐのだ。

つまり命がけで強くなろうとしている男性に対して、実力を侮辱するのは男性に死ねと言っているに等しい。

もしあなたの会社で〝おバカキャラ〟を演じて周囲を笑わせる道化役がいても、男性である限り実力を侮辱されて平気なはずがない。

どんなに人気者になっても、男性として評価を受けなければ、彼の人生の意味はないのだ。

翻って、あなたはどうだろうか。

つい気を許した男性に対して、冗談であれ、実力を侮辱してはいないだろうか。

たとえ彼はあなたのことが好きで、何食わぬ顔で黙ってくれていたとしても、心の中では100％落胆している。

そしてあなたが冗談のつもりで言った実力に対する侮辱は、生涯忘れることのない心の傷となって刻まれる。

男性の実力を侮辱するのは、相手をショットガンで撃つのに近いものがあると憶えておこう。

これからのひと言

たとえ嘘でも

「すご〜い！」

36

「あなたにどれだけ尽くしたと思っているの？」

捨てられる側が、相手にまとわりつく際、よく耳にするセリフにこんなひと言がある。

「いったいあなたにどれだけ尽くしたと思っているの？」

このセリフは、誰でも映画やテレビドラマで一度ならず耳にしたことがあるだろう。

このセリフの結末は、世界共通でいつも決まっていた。

「あなたにどれだけ尽くしたと思っているの？」と言った人間が、あっさり捨てられるということだ。

恩着せがましさというのは、相手を繋ぎとめるどころか、別れの決定打になってしまうということなのだ。


恋人とつき合いはじめたときには、お互いに同レベル同士だったのが、どちらか一方が本を読んで、映画を鑑賞して、美しい音楽を聴いて……。飛躍的に成長したとしよう。

こうなると、まず日常の会話が噛み合わなくなる。休日に同じ映画を観ても、同じシーンで感動できなくなる。

そうなると、率直に申し上げて、相手のことを尊敬できなくなる。

その上、どんなに美人でも、どんなにイケメンでも、30代以降になれば内面が外面に露呈される。

「あれ？　この人、本当は美人だったよな？」と思われてしまう人は、内面磨きを怠った人だ。


よく、「性格の不一致で別れた」という恋人同士がいるが、あれは嘘だ。

性格の不一致ではなく、知性の格差が生じてしまっただけなのだ。

知性のない人は、自分の知らないことが多過ぎて、他人の話に好奇心を持てない。

知性のない人は、自分がいかに無知なのかをわきまえていないから、いつも傲慢だ。

知性のない人は、自分の経験しか語れないから、いつも話のスケールが小さい。

だが相手に違和感を抱かれるようになってから、慌てて知性の格差を埋めようと読書をしても、もはや溝を埋めるのは絶望的だ。

相手に違和感を抱くほどの知性の違いは、数百冊単位の読書量の蓄積で、日々拡がっていった結果なのだ。

悔しかったら相手を責めるのではなく、自分の勉強不足を省みて、今から勉強することだ。

あなたが内面から輝くようになった頃、きっと素敵な異性と出逢うだろう。

原因は他人に求めるものではなく、自分に求めるものなのだ。

これからのひと言

「今までありがとう」

37

「あなたを100%、信用しているから」

恋人に限らないが、「あなたを１００％、信用しているから」といちいち念を押してくる人がいる。

こういう人は、あなたのことをまったく信用していない人だ。それどころか、あなたを利用しようとしており、価値がなくなったらポイ捨てをする人だ。

少し考えればわかることだが、「私たち友だちでしょ？」「俺たちずっと親友だよな」といちいち念を押してくる相手は、あなたの友だちでもなければ、親友でもないはずだ。

あなたのことを信用していないからこそ、相手は不安になって念を押しているのだ。

私がサラリーマン時代、信用していた上司から言われてショックを受けた言葉も、これと同じだった。

あるとき「お前のことは１００％、信用しているからな」と電話で念を押されたのだが、それは私の心の中で、その上司との絆がプツリと切れた瞬間だった。

私はその上司にずっと全幅の信頼を置いていて、胸の内を全部話していたが、先のセリフを言われた途端、全身が虚脱感に襲われた。

そして同時に、本当の意味で自立することができた。

それが周囲にも伝わったのか、上司と部下の逆転現象が起きて「お前がちゃんと面倒を見ないとダメじゃないか！」と代表取締役に自分の上司のことで説教されたこともある。

本当は寂しく、どこか切ない気持ちだったが、今ではあの上司のひと言がなければ私の独立は少し遅れていたかもしれないと思うようになった。


独立してからも「私は千田さんを100％、信用していますから！」といちいち念を押してくる人は、もう私から二度と連絡をすることはない。

なぜならその言葉の裏には「お前、絶対に裏切るなよ」という脅しを感じるからだ。

たとえその人がどんなに謙虚に見えても、「あなたを100％、信頼しているから」と言う人は、まさに「100％要注意人物」なのだ。

恋愛関係でも同じで「あなたのこと、私は100％、信頼しているから」と囁かれた場合は、浮気がばれていると考えていい。

その真意は「ひょっとして、ばれていないと思っているの？　そろそろ我慢の限界よ」ということなのだ。

「１００％、信用しているから」と言われて、得意気になっているようではいけない。

これからのひと言

「好きだよ」

38

「私、（結婚を）いつまで待てばいいの？」

私のパソコンに届けられる相談メールのうち、最近急増中なのが、「どうすれば男性を〝その気〟にさせることができますか？」というものだ。

この場合の〝その気〟とは、結婚のことだ。

質問者は20代からアラサー、アラフォー、そしてそれ以上の女性までと、実に幅広いが、年齢は関係なく同じように乙女心を感じる今日この頃である。

結論から述べると、男性が結婚を考えるのは気まぐれだ。

女性は拍子抜けするかもしれないが、これが紛れもない事実である。

気まぐれであるがゆえに、「私、いつまで待てばいいの？」と切羽詰まった顔で迫られると、急に男性の心は離れていく。

男性が日々、オンナゴコロの研究を熱心にしているように、女性もオトコゴコロの研究をもう少し熱心にすべきである。

男性はとにかく面倒くさいことが大嫌いだ。

女性にとって、結婚式は人生最大のセレモニーかもしれないが、男性にとって結婚式とは、人生でもっとも面倒くさい苦行なのだ。

このポイントが押さえられれば、まずオトコゴコロの初歩を理解したことになる。

だが男性にとってそんな面倒くさいセレモニーでも、やむを得ずやろうか……と思いやすい共通の瞬間がある。

それは、人生の転機で不安になったときだ。

卒業、就職、転職、昇進、独立、入院……といったように、今とは環境が変わる瞬間、男性は大きな不安に襲われる。

男性は口には出さずとも、本当はしょっちゅう不安を抱えている臆病者だ。だから、その瞬間を狙って、いつでも婚姻届を出せるように準備をしておくことだ。

もちろん、相手が記入する部分以外はすべて埋めて、書類を完成させておくことだ。

つまり、結婚の話が出たら、12時間以内には役所に提出できるようにしておくということだ。

これが結婚のコツである。

男性にいちいち検討させると、結婚は５年、10年と延期されてしまう。

ただし、結婚の話が男性の口から出るまでは、そういう「転機」を忍耐強く待つことだ。

結婚を実現するためには、黙って待てる力と、チャンスに飛びかかる瞬発力が大切なのだ。

これからのひと言

「夢が叶うといいね」

39

「こんな私のどこがいいの？」

これまで、直接的にも間接的にもウンザリする女性に出逢ってきたが、彼女たちが頻繁に使っていたセリフがあった。

「こんな私のどこがいいの？」

というひと言がそれだ。

だが、こうした〝ウンザリさん〟は、何も女性に限らないようだ。「こんな俺のどこがいいの？」といちいち口にする男性もいると聞く。

これほど誰も幸せにしない言葉はない。

この言葉は何も生み出さず、愛がまったく感じられない。

少なくとも、「こんな私」を好きになってくれた相手に失礼だ。

「こんな私のどこがいいの？」と聞いたとき、もし「別にどこがいいというわけでもないけど、とりあえずのセフレキープとして……」と、相手が答えたらどうなるだろうか。

「たしかに顔はイマイチだけど、何とかそのくらいのブスさなら我慢できそうだと思って」と、答えられたらどうだろうか。

「いいところだって？　そんなのないねぇ……。モテなさそうだから、同情しただけだよ」と、相手が答えたらどうだろうか。

多くの女性は、内心は穏やかではないはずだ。否、憤慨するはずだ。

だが、私は「こんな私のどこがいいの？」といやらしく聞いてくるような相手になら、どんな返事をしても別に失礼だとは思わない。

なぜなら、せっかく勇気を振り絞って愛を告白してくれた相手に、「こんな私のどこがいいの？」とテストする人間は、極めて失礼だと思うからだ。

翻って、あなたはどうだろうか。

好きでもない相手から告白されたとき、ちゃんと断れないからといって「こんな私のどこがいいの？」と聞き返してはいないだろうか。

あるいは、本当は別れたい恋人に対して、ちゃんと別れを告げられないからといって「こんな私のどこがいいの？」と聞き返してはいないだろうか。

はたまた、恋人にフラれる不安に耐えられないからといって、かまをかけて「こんな私のどこがいいの？」と聞き返してはいないだろうか。
いずれにせよ、一度は愛してくれた相手に対してとても失礼だ。

これからのひと言

「好きになってくれて、ありがとう」

40

「ダメなところがあるなら、全部直すよ」

男女問わず、このセリフを言ったら別れの決定打になってしまうというのがある。

「私のどこが気に入らないの？　言ってくれれば全部直すから教えて！」

「俺のいけないところがあれば言ってくれよ。全部改めるからさ」

この瞬間、「あぁ、この人とは別れよう」と決断できる。

別れを切り出した相手は、今この瞬間だけで別れを決めたのではない。

今日や昨日のあなたの振る舞いが、きっかけになったわけでもない。

もうずっと以前から悶々《もんもん》と悩み続けてきた結果、別れを切り出したのだ。つまり、今になってダメなところを直してもらっても、何の解決にもならないのだ。

それが理解できていない時点で、ますます溝が深まるばかりなのだ。

さらに加えると、「ダメなところがあるなら、そう言ってくれれば全部直すよ」と言うような相手は、こちらが「じゃぁ……」とばかりにそのダメなところを列挙すると、必ずすべてについて反論してくる。

「あれはあなたにも原因があったはずよ！」

「あの件は仕方がなかったって言っただろ？」

「そんなこと絶対にやっていないわ！」

教えてくれと言ったから教えてやっただけなのに、いちいち反論してくるから堂々巡りになって、ますます相手のことを嫌いになるのだ。

結局、いちいち全部に対して反論し尽くした相手は、「自分は何も直さなくてもいい」ということで自己完結してしまうのだ。

実は、そういうところが嫌われた理由なのだ。

醜い悪あがきをするくらいなら、潔く別れを受け入れたほうがいい。

悪あがきをすればするほど嫌悪感を抱かれるのだから、せめて最後くらいは、サッパリとして迷惑をかけないことだ。

だがもし、相手がキョトンとするほど、別れを「即、承諾」すれば、相手は驚いて、そこで奇跡が起こるかもしれない。そんなあなたを見直すかもしれないのだ。

否、奇跡など起こらずに、やっぱり別れたとしても、「いい人とつき合ったな」と思ってもらえる。

恋愛に限った話ではないが、別れ際というのは、その人の人生の価値が露呈されるものだ。

潔い別れの積み重ねが、その人の人生の奥行きを創り、次の出逢いを素敵にする。

今は意味がわからなくても、ただ「別れ際の美学」があると、頭の片隅に留めておけばいい。

これからのひと言

「素敵な想い出をありがとう」

第5章

「自分」に言ってはいけない

41

「もっと優秀に生まれてきたかったのに」

あなたは今までこんな愚痴を言ったことはないだろうか。

「もっと美人になるように生まれてきたかったのに」

「もっと背が高くなるように生まれてきたかったのに」

「もっと頭が良くなるように生まれてきたかったのに」

「もっと運動ができるように生まれてきたかったのに」

「もっと綺麗な歌声になるように生まれてきたかったのに」

「もっと絵が上手に描けるように生まれてきたかったのに」

なかには子どもの頃、真剣に怒りながら親を責めた人もいるかもしれない。

何を隠そう私自身がその一人だ。

「もっと優秀に生まれてきたかったのに」

そう思ったことが、恐らく、否、確実に100万回以上はあったと思う。

だが、今ではそんなことを考えることも、誰かと一緒にそんな話で盛り上がって楽しむこともなくなった。

それは私が優秀になったからでも、成長したからでもない。

それどころか私は、小学生の頃から現在まで、ずっと同じことを言い続けているし、優秀になったわけでもなければ、成長したという実感もない。

正直に告白すると、言っている内容は昔から変わらないのに、話を聞いてくれる人が集まるようになっただけなのだ。

私がどうして「もっと優秀に生まれてきたかったのに」と思わなくなったかといえば、義務教育で衝撃的な事実に気づかされたからだ。

「遅い足は速くならないし、悪い頭は良くならない」

という清々しい現実に気がついたのだ。

最低限の才能がなければ努力は報われないし、弱ければ正義を貫くこともできない。

でもだからといって、私は努力や正義には意味がないと主張したいのではない。

逆だ。

憧れではなく、ありのままの自分を受容して、自分でも勝てそうな土俵を思い出すのだ。

そのためにも、学校や会社では負け続けたほうがいい。あなたが関わってはいけない土俵が把握できるだろう。

冗談ではなく、この世に生まれてきたからには、あなたの生きるべき土俵が必ず存在する。

これからの
ひと言

「お父さん、お母さん、産んでくれてありがとう」

42

「自分はやればできるのに、やらないだけ」

学生時代から今日に至るまで、そのひと言を発し続ける限り、永遠に夢が叶わなくなるという悪魔の言葉がある。

「自分はやればできるのに、やらないだけ」

というひと言がそれだ。

「まだ本気を出してないから」といちいち口に出す生徒は、学校でどんどん落ちこぼれていくと相場は決まっていた。

「俺はやればできるけど、セーブしているだけだ」といちいち言い訳する営業マンは、会社で鳴かず飛ばずのまま終わると相場は決まっていた。

「あんな企画くらい自分も考えていたけど、言わなかっただけ」といちいち負け惜しみを言う編集者は、揃いも揃っていつの間にか規模を小さくしながら会社を転々としていた。

「自分はやればできるのに、やらないだけ」と言う人間が、結局は何も成し遂げられない理由は2つある。

まず1つ。一歩も動き出さない現実を、自分自身で「やればできるのに……」と甘やかし「やらないだけ」と締めくくってしまい、もうそれでお腹一杯になってしまっているのだ。そうやって自分で自分を「何もやらない人間」であると、日々刻々、洗脳しているわけだ。

そして2つめ。周囲から「あの人は本気でやっていないから、応援する必要ないな」と思われてしまうのだ。その結果、最後には誰も支えてくれる人がいなくなってしまうのだ。

人間である以上、周囲から支えられなければ、何かを成し遂げるのはもちろんのこと、生きていくことも不可能なのだ。

いかがだろうか。

「自分はやればできるのに、やらないだけ」という、何気ないひと言の怖さがわかったのではないだろうか。

やればできるのなら、ぜひやろう。

やればできるのなら、ぜひやって見せよう。

人生は、何もせずにただ考えているだけでは、この世に存在しなかったのと同じだ。

とりあえずやってみれば、必ず何らかの結論が出る。

今回は失敗に見えても、５年後や10年後には「あれは成功の種だった」と気づくものなのだ。

これからのひと言

黙ってやる。

43

「実力はあるのに、運が悪いだけ」

きっとあなたは実力があるに違いない。

なぜなら人生の貴重な時間を割いて、こうしてわざわざ本を読んでいるからだ。

人生にはほかに楽しいこともたくさんあるのに、その中で、あえて読書を選ぶということは、相当実力がある上に、さらに向上しようと思っている証拠だ。

そんなあなたにぜひ注意してもらいたい言葉がある。

「実力はあるのに、運が悪いだけ」

というひと言がそれだ。

何かを成し遂げたかったら、実力は不可欠だが、運がなければもはや絶望的だ。

「運が悪い」というのは、人生において致命的なのだ。

そんな致命的な自分を、周囲に公言してどうするというのだろうか。

自分で自分のことを「運が悪い」と〝自己紹介〟することで、周囲からは疫病神扱いされてしまうのだ。


人は誰もが心のどこかで、運の存在を認めている。

どう考えても人間の及ばない力がこの宇宙には潜《ひそ》んでいると、本能的に認めている。あなたも経験があると思うが、運が悪い人と一緒にいると、あなたまで運が悪くなるはずだ。

本来巻き込まれるはずのないトラブルに巻き込まれる。

余裕で間に合うはずなのに遅刻してしまう。

せっかく素敵な人と出逢ったのに、その出逢いを最悪なものに終わらせてしまう。

これらは決して偶然ではなく、運の悪い人と一緒に行動すると、必ず発生するお決まりの出来事なのだ。

だから自分の運の悪さをアピールしていては、周囲から人が一目散に去って行く。

人が去って行くということは、お金も去って行くということだ。

あなたは運が悪いと知れたら最後、人もお金も離れていくのだから、地獄の人生になる。

いかがだろうか。もう恐ろしくて「実力はあるのに、運が悪いだけ」とは、決して言えなくなったのではないだろうか。

ついでに言っておくと、前半の「実力はあるのに」という言葉にも、せこいプライドと結果を出せない人間の醜い言い訳を感じる。

やはり運の悪い人は、何から何まで遠ざける能力に長《た》けているようだ。

これからのひと言

「おかげさまで、運だけはいいです」

44

「自分にはこれといって何も取り柄はありませんが……」

昭和時代まではギリギリ通用したが、現代の日本においては通用しない言葉がある。

「自分にはこれといって何も取り柄はありませんが……」

というひと言がそれだ。

新入社員の自己紹介でも、これをやらかす人がいるが、周囲はウンザリしている。

本人は単なる社交辞令のつもりかもしれないが、結婚式のスピーチの定番「3つの袋」「3つの坂」※と同じくらいに場は白ける。

たとえ本当に何も取り柄がなかったとしても、単なる「逃げ」「言い訳」に聞こえてしまうのだ。

「こいつ、もし何か失敗したら、だから何も取り柄がないって言ったでしょ、と逃げられそうだ……」と、周囲を不安にさせるのだ。

私は経営コンサルタント時代に、さまざまな組織の入社式に参加させてもらった。

その経験から気づかされた事実は、入社直後からまったく仕事ができず、逃げるようにして会社を辞めていった新入社員たちは、配属先での最初の挨拶に、ある共通点があったのだ。

それは、「これといって何も取り柄はありませんが……」というひと言が、必ず入っていたということだ。

「これといって何も取り柄はありませんが、やる気だけは誰にも負けません！」

このセリフを吐いた新入社員は、本当に何も取り柄がない上に、やる気もなかった。

「これといって何も取り柄はありませんが、男勝りの性格で乗り切ります！」

このセリフを吐いた新入社員は、本当に何も取り柄がない上に、傷つきやすくてガラスのような繊細な心を持った女性だった。


人は切羽詰まったり極度に緊張したりすると、本来の自分と逆の自分を演じたがる。これは欠点を隠して自分の身を守ろうとするためで、誰にでも備わっている本能だ。

就活の面接で「友だちの数だけは誰にも負けません！」と吠える学生は、〝本当の友だち〟がいないことに24時間365日、コンプレックスを抱えているのだ。

「リーダーシップなら自信があります！」と虚勢を張る学生は、「部員は自分だけ」というにわかサークルをこしらえて、24時間365日、オドオドビクビクしているのだ。

すでにお気づきのように、「自分にはこれといって何も取り柄はありませんが……」というひと言には、表面上は謙虚に見せながら、実はとても卑屈で卑劣な本音が見え隠れするのだ。

だからこのひと言には、虚勢を張って相手を威嚇しようとする言葉が続きやすい。

本当に謙虚な人なら、身近で具体的目標を掲げて、それを実行すると宣言するだろう。

※「3つの袋」は「結婚生活で大事な3つの袋は、お袋、給料袋、堪忍袋」（胃袋もある）というもの。また「3つの坂」は「人生には3つの坂がある。上り坂、下り坂、まさかという坂」というもので、いずれも結婚式のスピーチでは定番のネタ。

これからのひと言

「名前を呼ばれたら、遅くとも0・5秒以内に返事をします！」

45

「何をやっても三日坊主」

最近は、資格試験の勉強や語学の勉強、お稽古ごとをするのが流行っている。

人として自己研鑽は素晴らしいことだ。

ところがこうした努力家ほど「何をやっても三日坊主……」と自己嫌悪に陥ってしまう。

「何をやっても三日坊主」と悩んでいる本人にとっては、継続できないという問題は相当深刻で、自分をダメ人間だと責める毎日が続く。


だが、ここで衝撃の事実を公開したい。

勉強やお稽古ごとに限らず、もう何年も何かを継続できている人というのは、けっして努力して継続しているわけではない。

否、正確には努力はしているのだが、それは「無意識レベル」の努力なのだ。

継続できない人は、苦痛に満ちた努力をする。そうやって無理に継続しようとすればするほど、ますます継続するのが難しくなるのだ。

なぜなら苦痛に満ちた努力は、「本能」に背いた行為だからである。

あなたの本能が「君はその分野で努力しても、けっして報われませんよ」というアラームを鳴らしてくれているのだ。だから、脳が全身に号令をかけて、何としても間違った努力を阻止しようとしているのだ。

これが三日坊主の本質なのだ。

私も三日坊主のコレクターだが、私は自己嫌悪に陥らない。

なぜなら、1年間あれば120種類の分野で三日坊主にチャレンジすることができるからだ。

そうなると、1つや2つくらい、「継続できるもの」に出逢う。

こうして文章を書いているのは、三日坊主のコレクションから漏れたからだ。

だから、三日坊主に悩むのではなく、嬉々として次の三日坊主のコレクションをすることが大切なのだ。

肩の力を抜いて淡々と三日坊主のコレクションをしていると、うっかり4日続くものが出てくる。

間違って１週間も続けば、それはもう立派な自信になる。

それに比べて「何をやっても三日坊主」と自分を責めていると、食事も美味しくないし、熟睡もできず、寝起きも悪いから人生がどんどん荒《すさ》んでいく。

それよりは「あちゃ～、今回は４日も続いちゃったぁ」と悔しがるくらいでいい。

やめようと思っても、やめられないことがあなたの才能なのだから。

これからの
ひと言

「さて、三日坊主のコレクションをしよう」

46

「別にどっちでも……」

デートで「何食べたい？」と聞いて、相手に「別に何でも」と答えられたらどうだろうか。

メニューを選ぶ際に「どっちにしようか？」と聞いて、相手に「別にどっちでも」と答えられたらどうだろうか。

仕事で「どっちの企画がいいと思う？」と聞いて、部下に「別にどっちでも」と答えられたらどうだろうか。

きっとあなたは、その相手ともう二度と関わりたくないと思うはずだ。

笑いごとではなく、こうした会話は日常のあちこちで飛び交っている。

そして自分の知らないうちに、多くの人たちに嫌われている。

「どっちがいい？」という質問は、自分より目上の相手や、憧れの人に聞かれることも多いはずだ。

ということは、目上の人や憧れの人から嫌われて、チャンスを逃しているということだ。

さらに悪いこととして、これを自分にやらかす人も多い。

「どっちの学校にしようかな」と自分自身に聞いて、「別にどっちでも……」と呟いてはいけない。

「どっちの企画にしようかな」と自分自身に聞いて、「別にどっちでも……」と呟いてはいけない。

「どっちの相手と結婚しようかな」と自分自身に聞いて、「別にどっちでも……」と呟いてはいけない。

「別にどっちでも……」と言い続けていると、「別にどっちでも……」という表情になっていく。何も決断できない人には、何も決断しないボーッとした空気が漂ってくるものだ。

そんな人間に、魅力を感じる人などいるはずがない。

決断する人だけに、人もお金も集まってくる。

決断できない人からは、人もお金も去って行く。

本当にどっちでもいい場合でも、あえてどちらか一方をちゃんと選択することだ。

合コンでも「う〜ん、別にどっちでも……」と相手が迷った結果、あなたが選ばれたとしても、あまり嬉しくないはずだ。

「別にどっちでも……」と漏らした瞬間、あなたの魅力は最低ランクになる。

これからのひと言

即答で

「こっちがいい！」

47

「イマイチやる気が出ないなぁ」

ちょうどこの本を書いている最中に、こんなメールが届いた。

「千田さんみたいにやる気を出して、猛烈に仕事をこなし続けるコツは何ですか？」

これは、一緒に仕事をする編集者や、書斎に取材にやってくるインタビュアーからもよく聞かれてきたので、このあたりで一度ちゃんと回答しておきたい。

拍子抜けするかもしれないが、猛烈に仕事をこなし続けるコツは、やる気ではない。やる気だけではとても続かないのだ。

たとえば「よっしゃ、やったるでぇ～！」と叫ぶ作家は、1冊本を書き上げた途端にひどい脱力感に襲われるだろう。

わずか数冊で燃え尽きてしまう作家は、やる気で勝負しているのだ。

だが、興奮しやすい人は、あとが続かない人が多い。

一方で、もう何百冊と本を出し続けている作家は、けっして「よっしゃ、やったるでぇ～！」とは叫ばない。

本を書き続けるということは、気合いとかやる気ではとても続かない地味な作業なのだ。

淡々と何百冊という作品を生み出し続ける作家は、やる気で勝負していないのだ。
だから、多作家には作品の内容に関係なく、物静かで落ち着いた人が多い。

これは作家業に限らず、スポーツ選手や歌手の世界でもまったく同じだ。

華やかに見える表舞台では、派手なパフォーマンスや衣装だけが目立つが、舞台裏では気の遠くなるような地味な準備が継続して行われている。

スポーツ選手や歌手に求められるのは、延々と地味な準備を淡々とこなす継続力なのだ。

地味な準備を淡々とこなすことを楽しめる人が、継続できているのだ。

だから、猛烈に仕事をこなし続けている人は、やる気で続いているわけではないとまずは気づこう。

「イマイチやる気が出ない」と悩むのではなく、「やる気を出さなければならないようなことに関わっていること」に対して、悩んだほうがいい。

自分としては淡々とこなしているだけなのに、周囲から「頑張っていますね」「努力していますね」と言われるくらいがちょうどいい。
まるで日常の歯磨きや入浴のごとく「気がついたらまたやっていた」という習慣が、私にとってはたまたま執筆なのだ。

これからのひと言

「淡々と生きよう」

48

「どうせ私、ブスだし」

これを言われたら、どう反応していいか困ってしまうひと言がある。

「どうせ私、ブスだし」

というひと言がそれだ。

この言葉を発するのは、揃いも揃って本当にブスだから、言われた側としてはどのような反応をしていいものかわからずに、場が白けてしてしまうのだ。

「そんなことないよ」とフォローしてもらいたいのかもしれないが、その幼稚な考えが見え見えで、周囲を一層ウンザリさせてしまう。

仮にまぁまぁの美人が「どうせ私、ブスだし」と謙遜で言ったとしても、「またま た〜、何をおっしゃいます」といった社交辞令を周囲に強要する性格の悪さがにじみ出る。その白けた場を明るい雰囲気に戻すのは、一流のお笑い芸人でもない限り、至難の業だ。


女性にとって容姿は命のはずなのに、それを自ら否定してしまうのは周囲にばかりではなく、自分自身にとっても悪影響を及ぼす。

自分で自分のことをブス呼ばわりすると、本当にブスになっていくから不思議なものだ。

あなたも試しに鏡の前で自分の顔を見ながら、「ブス」と一度だけ囁いてみればいい。その表情は、まさに身の毛もよだつほどのブスのはずだ。

「ブス」という言葉は、他人に言ってはいけないだけではなく、自分自身に対してこそ絶対に言ってはいけない言葉だと、ハッと気づかされるはずだ。

「ブス」という言葉を発する習慣は、ブスの顔を創り上げていく筋トレをしているようなものだ。ブスはブスの表情の筋トレをした結果であり、自分でブスを創り上げることができるのだ。

1日3回「ブス」と口にすると、1日3回、ブスの表情になる筋トレをしたことになる。これを1年間繰り返すと1000回、ブスの表情の筋トレをしたことになる。

もしこの筋トレを5年、10年繰り返すとなると……。想像しただけでゾッとするはずだ。

ひょっとしてあなたは1日10回以上「ブス」と呟いてはいないだろうか。

体の筋トレは、オーバートレーニング（トレーニングのし過ぎ）になると、怪我をして体が故障するが、表情の筋トレは、どんどん深く刻み込まれていくだけだから、自分でも気がつかないうちに、どんどん鍛えられていってしまうのだ。

どうせなら、いい表情を創るための筋トレをしよう。

たとえ今は美人ではなくても、いつも綺麗なものを見て、綺麗な言葉に触れて、綺麗な言葉を発し続ければ、必ず綺麗な表情が創られて美人に近づいていくのだ。

これからのひと言

「うわぁ〜、私って綺麗！」

49

「どうせ自分は、バカだし」

男女問わず、これを言われたらどう反応していいか困ってしまうひと言がある。

「どうせ自分は、バカだし」

というひと言がそれだ。

この言葉を発するのは、揃いも揃って本当にバカだから、言われた側としてはどのような反応をしていいものかわからずに、場が白けてしてしまうのだ。

「そんなことないよ」とフォローしてもらいたいのかもしれないが、その単細胞さが周囲を一層ウンザリさせてしまう。

仮に二流の秀才が「どうせ自分は、バカだし」と謙遜で言ったとしても、「またまた〜、何をおっしゃいます」といった社交辞令で、周囲にヨイショさせようといういやらしさが滲み出る。その白けた場を明るい雰囲気に戻すのは、チャールズ・チャップリンでもない限り、至難の業だ。

男女問わず、バカでは困るはずなのに、それを自ら公言してしまうのは、周囲にばかりではなく、自分自身にとっても悪影響を及ぼす。

自分で自分のことをバカ呼ばわりすると、本当にバカになっていくから不思議なものだ。

あなたも親や学校の教師に「バカって言ったら、本当にバカになるよ」と教わったことはないだろうか。

あれは本当だ。

理屈っぽかった私は「それはきっと嘘だろう」と、非常に興味を持って、小学生の頃から周囲の同級生たちをじっと観察させてもらった。

その結果、驚くべき事実のオンパレードだったのだ。

小学生の頃は「超」がつくほどとびきり優秀だったのに、中学生になった途端に、〝ただの人〟に落ちぶれた生徒は、たしかに「私なんてバカだから」と言い続けていた。

中学生の頃は天才と思っていたのに、高校に入った途端に、劣等生に落ちぶれた生徒は、たしかに「自分はバカだし」と言い続けていた。

高校生の頃は怪物と思っていたのに、社会人になってからM&Aで吸収されて会社名が消え、連日リストラに怯えている同級生は、たしかに「俺なんてバカだ」と言い続けていた。

社会人になってからも私の好奇心は続いて、じっと観察させてもらったが、自分で自分をバカ呼ばわりする連中は、ろくな人生を歩んではいなかった。

このように言葉の力は恐ろしく、そして偉大なのだ。

どうせなら、自分は天才だと言い聞かせたほうがお得だと思わないだろうか。

これからのひと言

「どうせ自分は、天才だし」

50

「しょせん、人生なんてこんなもんだよ」

私が高校時代や大学時代に、大人たちからこれを言われるとシュンとしてしまう言葉があった。

「今が一番楽しいときだねぇ。羨ましい」というひと言がそれだ。

私は高校時代も大学時代も欲張りだったから、「この程度で一番楽しいの？」と絶望的な気持ちになったものだ。

就活中に出逢ったOBたちから、「俺も大学時代にもう一度戻りたい」と言われると、もうその会社には絶対に関わってはいけないと思った。

そんなしょぼい仕事しかしていない会社で、自分の貴重な人生の時間を無駄にするわけにはいかないと思い、即日、次の面接を辞退したものだ。

サラリーマン時代もうだつの上がらない先輩の口からは、安い居酒屋で必ずお決まりのひと言が出てきたものだ。

「千田君、しょせん人生なんて、こんなもんだよ」

そのたびに私は、将来自分より若い人に向けて本を書くときがきたら、

「おい、お前ら、人生はムチャクチャ楽しいぜ！」

と自慢してやろうと強く誓った。

大学生には申し訳ないが、私はもう二度と大学時代に戻りたいなどとは思わない。大学時代がつらかったからではなく、今のほうが1億倍、楽しいからだ。

だから、もし今からどこかの大学に入ったとしても、1日で中退してしまうだろう。

会社勤めのサラリーマンには申し訳ないが、私はもう二度とサラリーマンには戻りたいとは思わない。サラリーマンがつらかったからではなく、今のほうが1億倍、楽しいからだ。

だから、もし今からどこかの会社に入ったとしても、1日で辞表を出すだろう。


人生というのは本当に素晴らしい。

人生は年齢を重ねれば重ねるほどに、楽しめるようになっているからだ。

だから私は早く年を取りたいし、早くもっと楽しい人生を味わいたい。

子どもたちに「大人になりたくないなぁ……」「社会に出て働きたくないなぁ……」などとは、絶対に思って欲しくない。

子どもたちが「自分も早く大人になりたい！」「自分も早く働きたい！」と思ってくれる、そんな人生を私は送りたい。

これからのひと言

「人生は、素晴らしい！」

千田琢哉 著作リスト

2015年2月現在

アイバス出版

『一生トップで駆け抜けつづけるために20代で身につけたい勉強の技法』／『一生イノベーションを起こしつづけるビジネスパーソンになるために20代で身につけたい読書の技法』／『1日に10冊の本を読み3日で1冊の本を書く　ボクのインプット＆アウトプット法』／『お金の9割は意欲とセンスだ』

あさ出版

『この悲惨な世の中でくじけないために20代で大切にしたい80のこと』／『30代で逆転する人、失速する人』／『君にはもうそんなことをしている時間は残されていない』／『あの人と一緒にいられる時間はもうそんなに長くない』／『印税で1億円稼ぐ』／『年収１０００万円に届く人、届かない人、超える人』

朝日新聞出版

『仕事の答えは、すべて「童話」が教えてくれる。』

海竜社

『本音でシンプルに生きる！』／『誰よりもたくさん挑み、誰よりもたくさん負けろ！』

学研パブリッシング

『たった2分で凹みから立ち直る本』／『たった2分で、決断できる。』／『たった2分で、やる気を上げる本。』／『たった2分で、道は開ける。』／『たった2分で、自分を変える本。』／『たった2分で、自分を磨く。』／『たった2分で、夢を叶える本。』／『たった2分で、怒りを乗り越える本。』／『たった2分で、自信を手に入れる本。』／『私たちの人生の目的は終わりなき成長である』／『たった2分で、勇気を取り戻す本。』／『今日が、人生最後の日だったら。』

ＫＡＤＯＫＡＷＡ

『君の眠れる才能を呼び覚ます50の習慣』

かんき出版

『死ぬまで仕事に困らないために20代で出逢っておきたい100の言葉』／『人生を最高に楽しむために20代で使ってはいけない100の言葉』／DVD『20代につけておかなければいけない力』／『20代で群れから抜け出すために顰蹙を買っても口にしておきたい100の言葉』／『20代の心構えが奇跡を生む【CD付き】』

きこ書房

『20代で伸びる人、沈む人』／『伸びる30代は、20代の頃より叱られる』／『仕事で悩んでいるあなたへ 経営コンサルタントから50の回答』

技術評論社

『顧客が倍増する魔法のハガキ術』

KKベストセラーズ

『20代　仕事に躓いた時に読む本』

廣済堂出版

『はじめて部下ができたときに読む本』／『「今」を変えるためにできること』／『「特別な人」と出逢うために』／『「不自由」からの脱出』／『もし君が、そのことについて悩んでいるのなら』／『その「ひと言」は、言ってはいけない』

実務教育出版

『ヒツジで終わる習慣、ライオンに変わる決断』

秀和システム

『将来の希望ゼロでもチカラがみなぎってくる63の気づき』

新日本保険新聞社

『勝つ保険代理店は、ここが違う！』

すばる舎

『断れる20代になりなさい！』／『今から、ふたりで「5年後のキミ」について話をしよう。』／『「どうせ変われない」とあなたが思うのは、「ありのままの自分」を受け容れたくないからだ』

星海社

『「やめること」からはじめなさい』／『「あたりまえ」からはじめなさい』／『「デキるふり」からはじめなさい』

青春出版社

『リーダーになる前に20代でインストールしておきたい大切な70のこと』

総合法令出版

『20代のうちに知っておきたい お金のルール38』『筋トレをする人は、なぜ、仕事で結果を出せるのか？』

ソフトバンク クリエイティブ

『人生でいちばん差がつく20代に気づいておきたいたった1つのこと』／『本物の自信を手に入れるシンプルな生き方を教えよう。』

ダイヤモンド社

『出世の教科書』

大和書房

『「我慢」と「成功」の法則』／『20代のうちに会っておくべき35人のひと』／『30代で頭角を現す69の習慣』

宝島社

『死ぬまで悔いのない生き方をする45の言葉』／【共著】『20代でやっておきたい50の習慣』／『結局、仕事は気くばり』／『仕事がつらい時 元気になれる100の言葉』／『本を読んだ人だけがどんな時代も生き抜くことができる』／『本を読んだ人だけがどんな時代も稼ぐことができる』／『1秒で差がつく仕事の心得』／『仕事で「もうダメだ！」と思ったら最後に読む本』

ディスカヴァー・トゥエンティワン

『転職1年目の仕事術』

徳間書店

『一度、手に入れたら一生モノの幸運をつかむ50の習慣』／『想いがかなう、話し方』／『君は、奇跡を起こす準備ができているか。』

永岡書店

『就活で君を光らせる84の言葉』

ナナ・コーポレート・コミュニケーション

『15歳からはじめる成功哲学』

日本実業出版社

『「あなたから保険に入りたい」とお客様が殺到する保険代理店』／『社長！ この「直言」が聴けますか？』／『こんなコンサルタントが会社をダメにする！』／『20代の勉強力で人生の伸びしろは決まる』／『人生で大切なことは、すべて「書店」で買える。』／『ギリギリまで動けない君の背中を押す言葉』／『あなたが落ちぶれたとき手を差しのべてくれる人は、友人ではない。』

日本文芸社

『何となく20代を過ごしてしまった人が30代で変わるための100の言葉』

ぱる出版

『学校で教わらなかった20代の辞書』／『教科書に載っていなかった20代の哲学』／『30代から輝きたい人が、20代で身につけておきたい「大人の流儀」』／『不器用でも愛される「自分ブランド」を磨く50の言葉』／『人生って、それに早く気づいた者勝ちなんだ！』／『挫折を乗り越えた人だけが口癖にする言葉』／『常識を破る勇気が道をひらく』

ＰＨＰ研究所

『「その他大勢のダメ社員」にならないために20代で知っておきたい100の言葉』／『もう一度会いたくなる人の仕事術』／『その人脈づくりをやめなさい』／『好きなことだけして生きていけ』／『お金と人を引き寄せる50の法則』／『人と比べないで生きていけ』

マネジメント社

『継続的に売れるセールスパーソンの行動特性88』／『存続社長と潰す社長』／『尊敬される保険代理店』

三笠書房

『「大学時代」自分のために絶対やっておきたいこと』／『人は、恋愛でこそ磨かれる』／『仕事は好かれた分だけ、お金になる。』

千田琢哉（せんだ・たくや）

文筆家。

愛知県犬山市生まれ、岐阜県各務原市育ち。

東北大学教育学部教育学科卒。日系損害保険会社本部、大手経営コンサルティング会社勤務を経て独立。コンサルティング会社では多くの業種業界における大型プロジェクトのリーダーとして戦略策定からその実行支援に至るまで陣頭指揮を執る。のべ3,300人のエグゼクティブと10,000人を超えるビジネスパーソンたちとの対話によって得た事実とそこで培った知恵を活かし、"タブーへの挑戦で、次代を創る"を自らのミッションとして執筆活動を行っている。著書は本書で98冊目。

E-mail：info@senda-takuya.com
ホームページ：http://www.senda-takuya.com/

ブックデザイン：ツカダデザイン

その「ひと言」は、言ってはいけない

2015年2月3日　第1版第1刷

著　者　千田琢哉
発行人　清田順稔
発行所　株式会社廣済堂出版
〒104-0061 東京都中央区銀座3-7-6
電話 03-6703-0964（編集）
03-6703-0962（販売）
Fax 03-6703-0963（販売）
振替 00180-0-164137
URL http://www.kosaido-pub.co.jp
印刷・製本　株式会社廣済堂
ISBN 978-4-331-51914-1 C0095